GEORGES VIOLLIER

LES
Deux Algérie

PARIS
IMPRIMERIE ET LIBRAIRIE PAUL DUPONT
4, RUE DU BOULOI, 4

LES DEUX ALGÉRIE

LES
Deux
Algérie

PAR

GEORGES VIOLLIER

PARIS

IMPRIMERIE ET LIBRAIRIE PAUL DUPONT

4, RUE DU BOULOI, 4

—

1898

A mon ami PAUL SEIPPEL.

Bien souvent, au cours de nos voyages, nous nous sommes rencontrés, par une bizarre destinée, sous les latitudes les plus diverses.

Un jour, par hasard, nous pénétrions ensemble dans la Pinacothèque de Munich. Quelques années plus tard, nous nous croisâmes dans un sentier perdu des Alpes. Une fois, nous nous sommes trouvés face à face, à Amsterdam, devant la Ronde de nuit, *et, durant quelques jours, nous avons échangé nos impressions sur des Rembrandt, des Franz Hals et des Van Ostade.*

Une autre fois, t'en souvient-il, nous nous rencontrâmes un soir à Florence, à quelques pas de la cathédrale. Te rappelles-tu encore ce cocchiere facétieux qui nous conduisit aux Cascines...? et, surtout, ce capiteux vin de Falerne que nous bûmes à la Piazza Santa Maria della Croce, et qui nous incita à réciter des odes d'Horace, comme de frais échappés du collège?

Puis, pendant longtemps, je perdis ta trace, et pour cause : tu faisais le tour du monde, d'où tu rapportas tes délicieux souvenirs : Terres lointaines.

Plus récemment, enfin, le destin m'a conduit à deux reprises en Algérie, et, à mon grand étonne-

ment, je ne te rencontrai, ni dans une mosquée, ni à la Kasba, ni dans les vastes solitudes du Sahara. J'en ai conclu que tu devais ignorer ce coin de terre... Ne serait-ce que pour toi, cher ami, je ne regretterais pas d'avoir écrit ce livre, qui, je l'espère, t'engagera à reprendre tes déambulations favorites, et te servira de guide dans cette contrée si riche en impressions fortes et en tableaux étincelants.

Georges VIOLLIER.

PRÉFACE

— L'Algérie, me direz-vous, est trop connue ; elle a déjà été décrite par tant d'écrivains illustres... sans compter les autres...

— Eh quoi, grands et petits, chacun ne peut-il pas avoir une vision, une optique différentes ?

— Mais votre titre ? que signifie-t-il ? Jusqu'ici les géographes, les historiens, les littérateurs ne signalent qu'une seule Algérie... où diable allez-vous prendre la seconde ?

— Les deux Algérie, les voici : l'une pittoresque, l'Algérie du touriste, du *snob* vaguement phtisique, de l'artiste, voire même du colon dilettante qui possède ses deux ou trois hectares et dix mille livres de revenus, en rente française. Cette Algérie-là, oh ! elle est charmante, vibrante... Dès qu'il fait trop chaud, on l'abandonne pour des contrées plus clémentes. Tout à côté, il y en a une autre, l'Algérie coloniale, celle qu'on ne quitte pas en été, pays riche en céréales et en vignobles, mais aussi en déceptions, en tristesses, en duperies de toutes sortes. Ces deux Algérie, si différentes, je les ai vues toutes deux, l'une avec l'œil de l'artiste, l'autre avec l'œil de l'observateur.

Dans la première partie de ce volume, on trouvera des fragments et récits de voyage, des sensations, des impressions de toute nature, la plupart croquées sur le vif, d'autres évoquées à ma mémoire après plusieurs mois.

Dans la seconde partie, j'ai synthétisé sous forme de nouvelle ce qu'un séjour prolongé chez les colons m'a fait voir de cette existence toute de luttes, et souvent, hélas ! de défaites.

Le colon a, en effet, à lutter contre trois éléments : la nature, l'indigène et... l'usurier. Devant cette triple alliance, c'est rare qu'il ne succombe pas.

Le grand malheur de l'Algérie, c'est la rareté des colons aisés. Le Français qui a de la fortune, ne voulant pas se résoudre à s'expatrier, laisse les riches colonies qu'il pourrait exploiter avec fruit à la merci de déclassés, de gens qui n'ont que peu de chose à perdre, et d'une poignée d'usuriers. Tel est, ou à peu près, le fond de la population rurale algérienne.

Ces colons débutent généralement avec quelques épaves d'une fortune qu'ils engagent dans de mauvaises conditions, pour acheter une propriété grevée de lourdes hypothèques... L'inexpérience, les mauvaises années aidant, ils s'enferrent de plus en plus... l'usurier, comme un oiseau de proie, arrive, et rafle l'argent et la propriété.

Ruiné, le « hardi pionnier de la civilisation » revient à Alger, y végète quelques mois en empruntant à des amis, postule une place officielle, et, s'il a des protections, devient... cantonnier, concierge d'un bâtiment municipal ou bureaucrate, selon la valeur de ses *pistons*.

Telle est l'histoire lamentable de tant de colons !

Pour coloniser en Algérie avec quelques chances de succès, il n'y a, je crois, que deux alternatives :

Ou bien y aller sans un sou. Dans ce cas, on est sûr de ne rien perdre, et, avec de la patience, de la rouerie, du travail et beaucoup de veine, on peut se faire une petite pelote. Ou bien posséder cent ou deux cent mille francs et en risquer la moitié — mais pas plus — dans le pays. Encore faut-il une prudence excessive, une défiance de tous les instants, être constamment sur la brèche, et plus commerçant qu'agriculteur. Il faut se défier de tout le monde et ne jamais emprunter.

Un très haut fonctionnaire, que je ne veux pas nommer, disait à un jeune administrateur fraîchement débarqué, et qui, sans avoir jamais mis les pieds en Algérie, allait gérer les intérêts d'une commune : « Méfiez-vous des indigènes, mais méfiez-vous surtout des colons. »

Cette phrase — presque officielle — sera la justification de ma seconde partie.

Avant de terminer cette trop longue préface, je tiens cependant à me défendre *a priori* d'une critique que je prévois. On m'accusera peut-être de parti pris de dénigrement.

Loin de moi toute pensée de ce genre, car je l'aime, l'Algérie, malgré ses défauts, comme on aime un enfant gâté. J'y retournerai, et qui sait?... déjà j'ai comme une nostalgie de ce pays du soleil.... mon œil réclame cette mer bleue, ce ciel bleu, ces vastes horizons et ces petits Arbis jouant dans la poussière blanche... Il ferait bon finir ses jours là-bas.

Mon but, au contraire, en racontant ce que j'ai vu, est d'abord d'encourager les touristes, artistes ou amateurs d'impressions un peu variées, à faire un voyage dans ces contrées. Il est, en outre, et surtout, non de détourner le colon de s'y rendre, mais de le mettre en garde contre les dangers qu'il ne manquera pas de courir.

Si, lorsqu'il aura lu mon récit, il se sent encore la force de tenter la lutte, qu'il y aille: un bon averti en vaut deux. Il sera à peu près sûr de vaincre.

La plupart des récits qui suivent ont été publiés dans différents journaux et revues de Paris. Je tiens à remercier spécialement le *Tour du Monde* et la *Revue hebdomadaire* de l'hospitalité qu'ils m'ont accordée.

L'AUTEUR.

L'Algérie Pittoresque

Premières Impressions

La fin du Ramadan.
Le marché de Maison-Carrée.
Un peu plus de charlatanisme !
Les petits cireurs d'Alger.
Une fête mauresque au Théâtre-Municipal.
Les Caïds.

La Fin du Ramadan

6 Avril. — C'est le dernier jour du Ramadan, vers huit heures et demie du soir. Il a plu toute la journée... Détrempée, boueuse, Alger s'enveloppe d'une brume humide, froide, pénétrante. Les becs de gaz jettent sur les édifices une lueur incertaine...

Passant sur la place du Gouvernement, dont l'asphalte a des reflets de glace fondante, je vois, dans la nuit, une foule de fidèles s'engouffrer sous la basse voûte de la mosquée Djema-Djedid. Tous ces burnous jaunâtres et sales entrent là avec une sorte d'inconscience moutonnière, de hâte instinctive évoquant en moi l'idée vague d'un troupeau de moutons qui se précipiteraient, s'empileraient, luttant pour passer la porte qui les mène à l'abattoir.

Non sans regret, je jette un excellent cigare algérien de deux sous, et je pénètre, moi, profane, dans le saint lieu.

M'attendant à assister à quelque scène ridicule ou puérile, j'avais esquissé un petit sourire de satisfaction, de supériorité, me comparant modestement au berger qui conduirait ce troupeau passif et stupide.

Une fois dans l'intérieur, je dus cependant en rabattre.

Dans la nef centrale faiblement éclairée et sous les voûtes sombres des bas côtés, une masse blanche, mobile, une sorte de mer, un bruit sourd, intermittent, de corps tombants.

Tous serrés, côte à côte, les Arabes enveloppés de leurs burnous se lèvent et s'abaissent, tantôt ensemble comme une grande lame, tantôt isolément, çà et là, par saccades, comme des vagues brisées. Et cette mer étrange, capricieuse, s'agite, soulève ses flots, aux sons monotones des litanies chantées par une voix en mineur, tout au fond de l'église, dans les profondeurs mystérieuses de l'abside.

La mosquée de Djema-Djedid, en effet, — notons-le en passant, — offre ceci de bizarre qu'elle possède une abside ; elle fut construite, dit la légende, d'après les plans d'un esclave chrétien qui lui donna, pour jouer un vilain tour à Mahomet, la forme en croix de nos églises catholiques.

En voyant ces pieux fidèles, drapés dans leurs burnous, majestueux comme des prêtres grecs dans leurs chlamydes, se prosterner nus pieds, la tête contre le sol, dédaigneux des vaines images, des vierges coloriées, croyant quand même, malgré leurs défaites, malgré leur déchéance, en leur Dieu invisible, je ne pouvais me défendre d'une admiration suprême. Mon scepticisme tombait, vaincu devant cette foi inébranlable, intangible.....

Me retournant, je vis à mes côtés une vingtaine d'Européens, venus comme moi en curieux, et qui, bêtement, avaient l'air de regarder ces « barbares » avec compassion.

Vrai, j'eus à cet instant honte de mes compatriotes et de mes coreligionnaires. Ils étaient laids, ignobles, dans leurs antiesthétiques guenilles européennes, leurs vestons à carreaux, leurs cols sales, leurs pantalons montrant la corde aux genoux, leurs souliers éculés, et gardant sur la tête, selon l'ordonnance du rite musulman, leurs feutres mous informes ou leurs chapeaux melon graisseux. Deux voyous ivres titubaient et se poussaient les coudes en ricanant. Devant ce contraste, ne m'était-il pas permis de me demander de quel côté était la civilisation, quels étaient les barbares ?...

A l'entrée de la nef se trouve, en guise de bénitier, une fontaine avec un petit bassin circulaire où les musulmans viennent se laver les pieds, les jambes, les bras, la tête, se gargarisent, se mouchent avec les doigts, se font des ablutions dans toutes les règles. Ils passent ensuite derrière une cloison, et vont procéder dans l'ombre à d'autres ablutions plus intimes. Là-dessus un badaud de s'écrier judicieusement :

— On prétend que les Arabes ne sont pas propres ; ils sont plus propres que nous !

— Parlez pour vous, lui dis-je. Je ne fais pas ma toilette à l'église, mais je la fais tout de même.

7 Avril. — Le carême mahométan est terminé. Les Arabes qui ont prié jusqu'à minuit et fait la noce jusqu'à l'aube, bien qu'un peu las sont debout, rasés de frais, bien lavés, ils sont en fête.

La Kasba est méconnaissable.

Partout des burnous propres. Quelques-uns, oh ! pas tous ! sont d'une blancheur éblouissante.

Les musulmans ont quitté leurs airs sombres et défiants. Ils se promènent presque gaiement, oubliant les jeûnes et les privations dans l'allégresse présente et l'espérance des festins futurs. On devine dans leurs yeux noirs des visions de moutons rôtis et de montagnes de couscous. Il y a dans l'air comme des odeurs de repas pantagruéliques.

Dans les grandes artères, c'est un va-et-vient indescriptible. Des bandes de nègres parcourent les rues, exécutant des danses folles, avec accompagnement d'un orchestre infernal composé d'une grosse caisse et de castagnettes en fer qu'ils agitent avec frénésie. Les têtes rondes de ces moricauds, leurs longs membres noir d'ébène se détachent sur leurs burnous blanc de neige avec une telle violence qu'on a peine à croire qu'ils forment un tout.

Ils vont chantant et dansant, avec leurs larges faces épanouies, quémandant des gros sous. Ils y mettent une telle bonhomie que quelques Arabes se laissent aller à dénouer les cordons de leurs bourses de cuir. Et ces noirs sont là, dans le grouillement de la rue de la Lyre, occupant toute la chaussée, débordant sur les trottoirs, interceptant la circulation, accaparant la rue avec l'exubérance de leur race bruyante et enfantine.

Tout à coup, la musique cesse. La foule d'Arabes, de Maures, de Kabyles rassemblés autour des nègres s'écarte pour laisser passer un landau dans lequel deux indigènes à barbe blanche, en riches costumes, se prélassent gravement. Des Arabes en voiture ? Phénomène très rare. Ce ne peut être que des marabouts. La foule court derrière eux. On arrête les chevaux. Maures et Kabyles se précipitent vers les augustes personnages, baisent, qui les les pans, qui les manches de leurs vêtements. Les deux vénérables bonshommes se laissent faire avec beaucoup de dignité. Puis la voiture repart, suivie de quelques Kabyles qui voudraient toucher encore les saintes frusques des marabouts..... et la musique nègre reprend de plus belle.

Les rues regorgent de monde. C'est un éblouissant méli-mélo de costumes bizarres, un miroitement de couleurs brillantes, un assourdissement de sons criards. Les Arabes s'appellent entre eux. Ce sont des *Mohamed!* des *Ahmed!* des aspirations d'*h* à vous déchirer les oreilles, lancées avec le bruit d'une machine qui crache la vapeur. Les amis s'embrassent avec effusion sur l'épaule, sur les mains. Des petits Arbis poussent des cris gutturaux.

Le temps est merveilleusement beau. Après plusieurs jours de pluie, le ciel bleu au-dessus des maisons de la Kasba, le chaud soleil du printemps jettent dans ces rues une lumière, une clarté intenses.

Je vais de ruelle en ruelle, gravissant des rampes irrégulières, pénétrant sous des voûtes sombres, redescendant par des rues si étroites que deux personnes qui s'y rencontrent ont de la peine à passer.

Çà et là, sur le seuil des portes, de jeunes Mauresques au visage bariolé de fard et de *kohl* m'invitent à entrer, d'un geste ou d'un sourire... Plus loin, assis sur le seuil d'une mosquée, un vieux nègre fanatique me regarde d'un œil mauvais.

Partout des points de vue pittoresques, des sujets de surprise, des tableaux tout faits, tout composés. Et quelle fête pour les yeux ! Sous un soleil éclatant, dans une atmosphère très pure, les maisons mauresques dressent leurs murailles blanches, en un éblouissement magique ; tout à côté, quelques façades peintes en bleu, bleu très pâle, presque transparent, reposent le regard délicieusement. A chaque pas, j'aperçois par des portes entr'ouvertes des intérieurs de cours, bleus également avec des dégradations de teintes imprévues, frais comme des grottes de glace.

En haut de la Kasba, je retombe sur une nouvelle bande de nègres. Même orchestre, même musique assourdissante.

Puis, je traverse des rues construites à l'européenne, rues cosmopolites, où vivent dans la saleté, pêle-mêle, des familles espagnoles, italiennes, maltaises, juives, arabes. Etonnant mélange de races et de costumes ! De ces artères bruyantes et grouillantes se détachent des ruelles mauresques encore vierges de la brutale civilisation. Quel contraste ! Il semble qu'après avoir marché sur une route poudreuse et ensoleillée on pénètre entre les parois d'une crevasse de glacier. Ces ruelles sont presque désertes. Des deux côtés, des maisons blanches ou bleutées se rejoignent presque au-dessus de votre tête, grâce à des encorbellements hardis, vous protègent contre la lumière et l'air chaud, vous enveloppent d'une pénombre mystérieuse. Quelques femmes voilées, blanches et silencieuses, passent et disparaissent dans l'entre-bâillement d'une porte. Çà et là un œil noir vous guette par le trou d'une petite lucarne...

Après midi, c'est le quartier européen qui est en fête. Alger est plein de ces contrastes imprévus : il y a fête des fleurs à la rue de la République ! Je laisse le Tout-Alger se lancer à la tête des bouquets, des serpentins et des confetti — kif kif le boulevard des Italiens — et, descendant sur les quais, passant devant le fort de l'Amirauté, je vais chercher du calme et respirer l'air pur sur le môle.

Assis sur un brise-lames, je reste là, contemplatif comme un Oriental, jusqu'après le coucher du soleil qui descend lentement derrière les collines du Sahel.

Au-dessous du massif de la Kasba et de la cité arabe dont les maisons blanches commencent à se noyer d'ombre la ville française dans l'indécise clarté crépusculaire s'efface peu à peu, montrant encore l'imposante rangée de ses constructions européennes qui sont là, superbes, marquant bien la civilisation qui s'implante.

Seul, le fort de l'Amirauté qui s'avance vers la mer, à la droite de la darse turque, est encore en pleine lumière, éclairé par les derniers rayons du soleil couchant. Sa tour octogonale, blanche, se drape d'ocre, et son petit clocheton vert se perd dans l'émeraude du ciel ; au pied de la tour, le fort développe sa gracieuse silhouette. Il brille d'ocre plus foncé, ses créneaux s'incrustent en noir sur l'horizon.

Au-dessous des boulevards, les immenses murs de soutènement, coupés en diagonale par les rampes qui montent du port, forment de larges rubans aux teintes violettes.

Sur les quais, presque cachés derrière les vaisseaux ancrés au port, on devine, plutôt qu'on ne voit, le va-et-vient des bateliers, des matelots et des débardeurs.

Enfin, tout en bas, à mes pieds, le port avec ses navires et ses balancelles, la darse avec ses barques et ses canots. L'eau transparente comme celle d'un lac reflète toutes les couleurs d'alentour, les harmonise en les diffusant.

Et les centaines de barques de pêcheurs se balancent à peine. Mollement bercées, elles s'endorment dans une douce sécurité, à l'abri des vagues, derrière le môle puissant qui s'avance dans la mer comme un bras protecteur...

Le voilà, le secret de la vie contemplative des Orientaux. Un tel spectacle ne suffit-il pas pour rendre heureux, oublier les misères de la vie, pardonner les peines passées, sans se soucier de celles qui pourront venir ?

Regarder, regarder toujours, voilà ce qui s'appelle vivre. C'est la joie, le but de l'existence... la fête éternelle de l'œil, avec la musique calme et douce de la brise dans les feuilles, ou le clapotis des vagues frappant en sourdine sur les galets, comme l'accompagnement d'une contrebasse dans un concert de fifres, de pistons et de hautbois.

Et, dans cette paix suprême, repassent devant mes yeux, visions folles, cahotiques, les tableaux entrevus le matin. Je revois ces marabouts majestueux, cette foule délirante, le bariolage ahurissant de cette population en fête... J'entends ce brouhaha étrange, le tam-tam et les castagnettes des nègres, les cris rauques des Arbis. Toute cette fantasmagorie reparaît, renaît, troublante, exagérée, invraisemblable. Et je me demande si je n'ai pas été victime d'une hallucination, d'un rêve absurde ?

Bientôt Alger, la blanche, l'éblouissante Alger se décolore, s'éteint dans une tonalité bleue translucide, une pâleur de vierge mourante, tandis que derrière elle, comme une auréole, le ciel fulgure encore.

Le Marché de Maison-Carrée

Un petit omnibus — vague caisse en bois badigeonnée de rouge et de vert — conduit par un cocher indigène et rempli d'Arabes plus ou moins pouilleux, m'a porté en une heure à Maison-Carrée, où se tient, le vendredi, un marché assez important.

La vision de la vie arabe a été pour moi bien plus intense qu'à Alger. C'est un premier pas vers l'intérieur. On y devine déjà en gros les relations entre colons et indigènes, la vie brutale de ces races non encore assimilées — voire inassimilables.

Sur une vaste pelouse, toute piétinée, boueuse, couleur de purin, des milliers de bestiaux sont parqués, bêlant et beuglant lamentablement.

Trois ou quatre mille moutons sont là, attachés par groupes de dix ou douze, serrés en masse compacte, sur deux rangs se faisant face, les têtes d'un rang intercalées entre les têtes de l'autre. Et les pauvres bêtes sont si étroitement liées qu'elles n'ont même plus la force de bêler. D'autres, attachées isolément, les quatre pattes garrottées, gisent sur le sol.

Quelques centaines d'Arabes et de Kabyles, vêtus de gandouras et de burnous sales et déchirés, chaussés de sandales en peau de bique, surveillent ces bêtes, discutent les prix et, une fois le marché conclu, prennent des airs de victimes, de gens qu'on écorche vifs. Le prix du mouton varie de huit à vingt francs, mais il y a peu de trafic. Les acquéreurs sont rares. Quelques juifs, une sœur-économe, qui vient faire des emplettes pour une communauté des environs, un ou deux bouchers, quelques colons boueux et bottés ; c'est tout.

Dans l'enceinte sont parqués également des troupeaux de bœufs et de vaches arabes, à peine gros comme de jeunes veaux de Normandie, des porcs grassouillets, des chèvres jaunes, quelques petits chevaux barbes.

Les chevaux se vendent de 80 à 200 francs, en moyenne. Il y a là un petit étalon blanc, de trois ans, aux membres fins, à l'allure vive et élégante, pour 150 francs. Il est rare de voir des chevaux de valeur sur ce marché.

Des maquignons, en costume moitié européen, moitié arabe, offrent leur concours aux acheteurs.

— Ti veux un chival ? Moi, z'en connais un magnifique, magnifique. L'Arabe, il en veut

130 francs, mais z'i peux ti l'avoir pour 95...

— Quel âge ?

— Neuf ou dix ans..... douze ans, tout au plus. Moi, z'i te zure, il est bon. Moi z'i connais le chival, l'i pas un carcan. I trotte coumme la gazelle.

Il est magnifique, z'i te zure ! Ti vas voir.

Et le courtier arabe me désigne, en effet un cheval blanc, maigre et fatigué, mais de ligne très pure. Un bon cheval de réforme de 15 à 18 ans sans tare grave, et qui, reposé et bien nourri pendant un mois, aurait encore valu de 3 à 400 francs en France.

Dans toutes les ventes, le marchandage est poussé très loin. Souvent le marché n'est pas conclu à cause d'une différence de cent sous. Tel qui aurait cru faire une excellente acquisition en payant 140 francs pour un cheval se figurerait être volé s'il en donnait 145.

Çà et là, quelques chameaux chargés de sacs de charbon et montés par des indigènes aux mines refrognées, aux vêtements sordides, circulent gravement entre les groupes, et paraissent des géants au milieu de tous ces bestiaux minuscules.

Dans un coin de la pelouse, des mulets et des ânes sont entravés, sans rien à manger devant eux. Et quels ânes ! On a peine à reconnaître la glorieuse monture de Sancho Pança sous ce décharnement monstrueux, ces ossatures saillantes, cette peau presque sans poil, aux reflets d'acier, avec d'immenses plaies sanguinolentes, sans cesse envenimées par le bât, par les mouches, ou par les coups de baguette que l'Arabe y donne pendant la marche pour stimuler sa bête...

Le sort des mulets n'est guère plus enviable ; seul le cheval est mieux traité, parce que plus noble...

Ces pauvres bêtes sont là, résignées, le regard doux et bon, attendant peut-être que notre civilisation apporte — sinon à eux-mêmes au moins à leurs descendants — un soulagement à leurs misères.

Au départ, l'Arabe remet sans vergogne le bât sur les plaies de son bourriquot, y charge deux ou trois sacs de provisions ou de grains, y rattache par les pattes quelques volailles vivantes invendues, s'assied commodément sur les sacs... et allez !... d'un coup de bâton pointu il frappe dans la chair vive, et l'âne y va de son petit trot... Heureux l'animal, quand son maître ne prend pas un ami en croupe !

Devant la mairie, un superbe bâtiment Renaissance qui figurerait avec avantage dans une sous-préfecture, se trouve le marché proprement dit. C'est là que se mélangent dans un pittoresque tohu-bohu les produits les plus divers, les uns venant de Paris, de Lyon, d'Allemagne, d'Angleterre, les autres des coins les plus reculés de l'Algérie, de la Tunisie, du Maroc.

Accroupis sous de petites tentes, des marchands juifs d'Alger vendent des calicots, des étoffes démodées de la ville, des rossignols invraisemblables. Tout à côté, un Arabe a étalé ses marchandises sur le sol. Des petits sacs renfermant des produits bizarres du pays, des parfums d'Arabie, du kif, du kohl, des graines rares, des ingrédients de toutes sortes. Plus loin, des Européens, Espagnols ou Maltais pour la plupart, ont installé des tables où ils débitent des légumes, des fruits, des poissons, ainsi que des huîtres et autres mollusques de fraîcheur équivoque.

Le temps passe et je m'aperçois qu'il est midi. J'entre dans le premier restaurant de l'endroit. Une grande salle, avec quelques tables de marbre, sans nappes, où déjeunent des marchands de bœufs et des commis voyageurs.

C'est très primitif, et comme c'est Vendredi saint, le menu est des plus maigres. Enfin, pour la modeste somme de 1 fr. 25, je réussis à me faire servir : une bouillabaisse (sans poissons), un plat de petits pois, deux œufs à la coque, du fromage, un dessert varié, du vin à discrétion, café et kirsch !

Ce n'est pas bien gras, mais le tout est si sale que l'appétit s'en va dès la première bouchée et que je me trouve ainsi tout de suite rassasié.

Une poule et ses poussins arrivent et réclament du pain à grands cris. Des mouches innombrables volent, jouent, se poursuivent dans mon potage, dans mon verre, s'acharnent sur ma calvitie précoce, se battent sur le fromage. Des chiens viennent pisser sur le plancher. A côté de moi, un courtier en vins se fait décrotter les souliers tout en mangeant sa bouillabaisse. Des Arabes loqueteux, couverts de pustules, des aveugles traversent la salle, exhibant leurs infirmités de table en table et demandant des *sordi*. La jeune fille qui sert a des écrouelles.

Brrr...

Un peu plus de charlatanisme !

Assisté au retour de M. le Gouverneur général de l'Algérie, spectacle qui manque totalement de prestige (1).

Presque personne sur le quai. Pas de musique militaire, pas de coups de canon. Seuls, une douzaine de fonctionnaires et quelques officiers sont venus au débarcadère attendre le représentant de la France. M. Cambon a une figure sympathique. Il est, en termes populaires, un monsieur qui marque bien ; malgré cela, son arrivée m'a produit une impression décevante.

D'abord il n'est pas descendu le premier à terre. Un couple de touristes allemands le précédaient. Puis il était couvert d'un macfarlane gris et coiffé d'un peu décoratif chapeau melon. Enfin, sur le quai, il a embrassé sa

---

(1) Ces lignes, parues dans un journal parisien peu avant le remplacement de M. Cambon, et écrites, d'ailleurs, sans aucune intention politique, seront probablement vraies ou vraisemblables pour les gouverneurs qui lui succéderont.

femme et son fils et il est monté dans une voiture — était-ce la sienne ou un sapin ? nul n'aurait pu le dire — exactement comme l'aurait fait M. X..., honnête commerçant des Batignolles.

Certes, c'est très démocratique ; cela me plairait même de la part d'un Président de la République arrivant en vacances dans son *patelin*. Mais ce n'est pas avec ces allures bon enfant et ultra simples qu'on fera respecter le nom français des Arabes.

Plus de prestige, Monsieur le Gouverneur général, plus de prestige !

Il semble que plus on connaît l'Algérie, moins on connaît les Arabes. Ou plutôt on vit d'une illusion. On se figure que les Arabes ont subi notre influence, qu'ils se sont façonnés à nos mœurs. Or rien n'est plus faux. L'Arabe est immuable. Il n'a pas changé d'un *iota* depuis l'occupation. C'est avec les mêmes procédés qu'il y a cinquante ans qu'il faut le tenir. Sous Louis-Philippe, sous l'Empire, on usait encore avec lui de certains trucs qui en imposaient à son cerveau étroit.

Biskra, conquise par le duc d'Aumale, puis reprise par les Arabes qui égorgèrent notre garnison, serait peut-être restée longtemps encore un foyer d'insurrection si Louis-Philippe n'y avait envoyé pour la conquérir moralement qui ?... Robert Houdin. Le prestidigitateur fit plus en deux ou trois représentations pour la pacification de cette ville et de toute la contrée que n'avaient pu faire les troupes du duc d'Aumale.

Les voyages de Napoléon III en Algérie furent également des voyages d'*épateur*, et le déploiement du faste impérial contribua pour beaucoup à la soumission presque définitive des indigènes.

Sous la troisième République, la République de l'habit, on croit devoir dédaigner certaines démonstrations puériles à nos yeux, j'en conviens, mais utiles, suivant les circonstances. On a une telle horreur du panache, du moins dans les sphères officielles, qu'on le supprime même là où il serait nécessaire.

La République, comme l'homme, devrait être ondoyante et diverse.

A vouloir traiter les Arabes comme des habitants de Pontoise ou d'Étampes, on finira par reperdre tout le fruit d'une laborieuse conquête.

Que le Gouverneur général soit un civil, soit, mais qu'il ait un uniforme, que diable ! et un uniforme chamarré d'or et de passementeries, avec un panache de dimensions respectables !

Le panache, c'est l'avenir de la colonie.

Les Petits Cireurs d'Alger

On ne peut pas faire dix pas dans les rues d'Alger sans entendre le refrain des cireurs biskris : *Ciri ! ciri !* On n'est pas assis depuis dix secondes à la terrasse d'un café qu'un véritable essaim de décrotteurs vous entoure et vous harcèle de l'inévitable *ciri, ciri !* Vous pouvez sortir à neuf heures du matin de l'hôtel avec des bottines noires comme de l'ébène, luisantes comme un miroir, les petits cireurs se précipiteront sur vous, et indiquant du doigt vos chaussures, vierges du plus petit grain de poussière, ils vous poursuivront de leur *ciri, ciri, m'siou !* Quelques-uns ont des variantes raffinées ou pittoresques : « *Ciri bien, m'siou !* » « *ciri, kif kif la glace de Paris !* » « *ciri jaune !* » qu'ils prononcent *jonne*, ainsi que de vrais Gascons.

D'abord c'est amusant, puis cela devient insupportable, assommant, fastidieux comme une nuée de moustiques.

Peut-être aussi s'y habitue-t-on dans la

suite, et n'y prend-on plus garde. Pour le moment, je suis dans la période ingrate, celle où ils font l'effet de moustiques.

Une Fête Mauresque

AU THÉATRE D'ALGER

J'aurais pu donner à ce chapitre un titre plus suggestif : *Aïssaouas*. Avec un peu d'imagination, et à l'instar de certains écrivains, j'aurais transporté mes lecteurs dans les contrées désolées du Grand Sud Algérien, à Djelfa ou à Laghouat, par exemple ; j'aurais fait intervenir un cheik de mes amis, lequel m'aurait confidentiellement averti qu'à la nuit, à quelques lieues de là, certaines tribus plus ou moins insoumises et fanatiques se trouveraient rassemblées pour assister aux effrayants et mystérieux sortilèges de ces célèbres sorciers. Au crépuscule, je serais parti à cheval, tout seul, et, arrivé à la lisière d'une oasis, je serais tombé tout à coup au milieu d'Arabes et de Touareg farouches et armés jusqu'aux dents, faisant cercle sur le sable, avec, pour tout éclairage, les lueurs rougeâtres de torches fumeuses, et la pâle clarté du disque lunaire. Mais on a tant abusé du procédé qu'il est presque plus original d'avouer qu'on a vu les Aïssaouas à Alger, voire même tout simplement au Théâtre-Municipal.

Sur l'affiche, trois parties : Danses mauresques, les *Noces de Jeannette*, les Aïssaouas.

Pourquoi les *Noces de Jeannette* dans une fête mauresque, me demandais-je avant d'entrer ? Et je me promettais *in petto* de m'esquiver pendant cet intermède européen pour aller prendre un bock. Je n'en fis rien, et pour cause. La première partie du programme, les diverses danses du ventre, toutes les mêmes, exécutées par plusieurs *Oulad-Nayl* plus ou moins désestomaquées, au son d'une musique éternellement rudimentaire et abrutissante, m'avaient à un tel point exaspéré que je désirais me retremper dans la bonne petite musique de Victor Massé. Et alors je compris le pourquoi de ces *Noces*. C'était l'oasis rafraîchissante, reposante, délicieusement souriante au milieu de ce sahara musulman, de ce désert de la vie intellectuelle arabe, sans art, sans pensée.

Cependant la direction eût été peut-être mieux inspirée encore, en donnant quelque tragédie de Sophocle, ou un drame terrifiant de Shakespeare ou un sombre opéra de Wagner pour préparer le public à la dernière partie du programme, dans laquelle les Aïssaouas devaient se livrer à leurs horribles pratiques.

Ils sont là, tous assis en rond au milieu de la scène. Une quinzaine d'Arabes sinistrement laids composent cette troupe étrange. Aux sons de tambourins battus par des mains endiablées, avec de temps à autre des hurlements de bêtes fauves, les divers acteurs sortent des rangs à tour de rôle. Le sujet, véritable hypnotisé, se lève comme mû par une force irrésistible. Il entre ou plutôt se précipite au milieu du cercle formé par ses confrères accroupis, et se met à danser et à sauter sur place. Deux *copains* s'approchent, et tandis qu'il continue ses sauts effrénés, le dépouillent de son burnous; une fois qu'il est ainsi plus à l'aise, il commence ses exercices après avoir consciencieusement sauté et hurlé.

Le premier qui se présente ainsi prend une épée emmanchée à une lourde pomme en bois, et s'en transperce la joue. Le suivant se l'introduit gaillardement dans la cavité oculaire. Un troisième se la plante dans le ventre; mais comme si ce n'était déjà pas suffisant, un compère survient, et avec un fort maillet assène un coup sec sur la pomme de l'épée, qui s'enfonce de plusieurs centimètres. Est-ce la pomme ou l'épée qui s'enfonce ? Conservons à ma phrase cette heureuse équivoque qui laisse peser un doute sur la sincérité de ces sinistres farceurs.

Le spectacle devient toujours plus écœurant. Plusieurs personnes quittent la salle et j'ai bien envie d'en faire autant.

Un grand diable, maigre, efflanqué, d'un teint d'acier rouillé, se présente ensuite et ouvre une boîte en poussant des cris affreux. Il saisit une vipère qu'il promène rageusement sur son bras, sur sa figure.

Une lutte fiévreuse, horrible, extraordinairement troublante, car elle n'a rien de commun avec l'indolente mimique des soi-disant dompteurs de serpents, s'engage alors entre l'homme et le reptile. Celui-ci, tout en essayant de fuir, se défend de ses crocs acérés, enroule et déroule ses anneaux avec des contorsions brusques, rapides comme l'éclair. Il s'échappe, l'Aïssaoua le pourchasse, l'atteint, le met dans sa bouche, le mord, se fait mordre. La lutte se prolonge... un moment le serpent reste suspendu par les crocs au bras du forcené.

Le même individu prend ensuite un scorpion, le place sur son nez, le promène sur son cou, dans l'oreille, sur les lèvres, et finit par le croquer à belles dents et par l'avaler.

Puis un nouveau sujet arrive, toujours avec l'accompagnement de quatre ou cinq grands tambourins qui font un vacarme assourdissant. Celui-ci monte nu-pieds sur le tranchant d'un grand sabre tenu par deux de ses acolytes. Après cet exploit, il se met le ventre à nu et s'étend en travers sur le tranchant du sabre. Il se balance ainsi, en équilibre, tandis qu'un autre se hisse sur son dos et reste quelques instants debout sur cette escarpolette d'un nouveau genre. Pendant cet exercice horrible, la lame a pénétré presque en entier dans les chairs, et lorsque le malheureux se redresse, le sabre reste fixé à son ventre. C'est à grand'peine qu'il l'en retire. Et le sang ne coule pas de la blessure.

Y a-t-il réellement blessure? Où commence le truc? C'est ce qu'il est bien malaisé de définir. Mais c'est absolument répugnant..... et je pars tandis qu'un autre Aïssaoua se lève et se met à sauter en hurlant comme un possédé. Il va sans doute faire jaillir son œil de son orbite...

Certainement le cadre est nécessaire à un tel tableau et, en définitive, ils n'ont pas eu tort, les auteurs qui ont placé ces horreurs sur une scène adéquate, la nuit, au milieu d'un campement de nomades, à l'extrême limite de la civilisation, sur les confins du Sahara, pendant qu'aux alentours hurlent les hyènes et les chacals...

Ici, au Grand-Théâtre d'Alger — tout comme à l'Exposition — c'est simplement hideux.

Les Caïds

31 Mars. — Ce soir, mouvement inaccoutumé sur la place du Gouvernement. Des voitures amènent en grand nombre des indigènes de haute marque, des fonctionnaires, des officiers, ainsi que l'élite des si charmantes et si élégantes Algéroises. Il y a bal chez le Gouverneur.

Je prends un bock au café d'Apollon qui paraît être le rendez-vous du *high-life* arabe.

Des cheiks, des caïds, des aghas, en grande tenue, avec les burnous rouges soutachés d'or, portant fièrement sur la poitrine la rosette ou le ruban de la Légion d'honneur — quelques-uns, *horresco referens,* ont des gants blancs — y prennent leur café avant de se rendre au Palais du Gouverneur.

Avec leur taille haute et leur port de sénateurs romains, leur figure à la fois mâle et intelligente, ils font honte à notre race chétive et surmenée. Le sourire vaguement dédaigneux qui erre sur leurs lèvres me paraît presque justifié. J'entendais sur la terrasse du café deux *copurchics,* malingres et dégénérés, la tête écrasée sous le rigide *tuyau de poêle*, le cou emprisonné jusqu'aux oreilles dans le carcan du col droit, avouer qu'ils faisaient fort triste figure à côté de ces chefs arabes.

Je suis trop poli pour me permettre de leur donner un démenti.

La Kasba intime

Avant-propos.
Zouaves ou Turcs ?
Le Café Maure.
Le Savant arabe.
Chez Zora.
Les Femmes voilées.

Je n'ai pas la prétention, moi centième, de décrire la Kasba et ses rues étroites, de refaire mal des tableaux si magistralement tracés ou si pittoresquement présentés par les Fromentin, les Loti, les Maupassant, les Masqueray et tant d'autres. Je me contente de raconter deux ou trois scènes vues, comme un peintre qui rapporterait quelques croquis de voyage...

Reprocherait-on à MM. Dinet, Armand Point, Potter, Besnard, de nous rapporter chaque année des toiles d'Algérie sous prétexte qu'il n'y a plus rien à faire après Fromentin, Guillaumet ou Benjamin Constant ?

D'ailleurs, si dans ce siècle tout a été fait, tout peut être encore à faire, à condition qu'on y ajoute sa note, sa vision personnelle.

Zouaves ou Turcs ?

Je me dirigeai du côté du Fort de l'Empereur, dont la prise, le 4 juillet 1830, détermina la reddition de la ville... C'est un but de promenade facile, un petit pèlerinage que s'offrent tous les amateurs de souvenirs historiques. Au hasard des ruelles tortueuses, j'avais gravi le coteau où la ville arabe a trouvé son dernier refuge ; j'avais traversé la Kasba, cette vieille citadelle des deys d'Alger, actuellement transformée en caserne.

Sur le point de franchir la Porte du Sahel, j'assistai à une petite scène assez topique. Tout insignifiante qu'elle puisse paraître, elle ne laisse pas que de jeter un jour caractéristique sur l'état des relations qui subsistent encore entre les deux races. Voici le fait dans sa simplicité nue :

A l'entrée du corps de garde attenant à la porte de la ville, étaient assis une vingtaine de zouaves, dont les uniformes rouge et bleu et les guêtres blanches se détachaient en notes gaies sur le gris de la muraille. C'était le matin. Ils étaient là à se chauffer au soleil, dans la classique fainéantise du corps de garde, lorsqu'un Maure se présenta.

— « Dis noix ! Dis noix ! voulez dis noix ? » criait-il, et, déposant son sac devant les soldats, il en tira une poignée qu'il leur montra, puis la remit précipitamment dans le sac, avec une défiance que je ne m'expliquai pas d'abord.

— « Veux-tu acheter dis noix ? » répétait-il.

De temps à autre, il laissait entrevoir sa marchandise, mais aussitôt qu'un zouave faisait mine d'étendre la main, il refermait prudemment son sac.

— « Veux-tu dis noix ? »

Un zouave, plus prompt, réussit à lui en dérober une ou deux. Et, tout en les croquant, il affirmait dédaigneusement qu'elles ne valaient rien.

Affectant des airs fastueux de capitaliste, un sous-off alors s'avança en exhibant deux sous avec ostentation, et, profitant d'un geste de confiance du marchand qui étalait ses noix, en ramassa une poignée, puis, sans vergogne, replongea les deux sous dans sa poche.

Furieux, le Maure rejeta vivement son sac sur ses épaules en lâchant le mot de Cambronne.

Ce fut alors un haro général sur le malheureux indigène. Les jurons et les menaces pleuvaient comme grêle.

— « Comment ! infâme moricaud, tu oses nous dire m.... ! attends, sale youdi... je t'apprendrai la politesse ! *allouf !* je te casse ta sale gueule de juif ! »

Et le marchand, plus mort que vif, balbutiait des :

— « Pardon, *Sidi*... Pardon, *Sidi*... »

Enfin, très dignes, les soldats consentirent à accepter ses excuses et le laissèrent partir.

Cette scène se termina dans l'explosion d'un gros rire bon enfant. Pour moi, elle me rendit rêveur.

Dans leur inconsciente plaisanterie, ces zouaves ne continuaient-ils pas la tradition de la milice turque ? Le Fort de l'Empereur, dont je distinguais maintenant la masse grise au sommet de la colline, me reportait à soixante-dix ans en arrière, et je me demandais si ces soldats que je venais de voir n'étaient pas des janissaires d'Hussein-Pacha.

Le Café Maure

Un jeune peintre aussi aimable que talentueux, M. J. B..., que sa santé a exilé pour un ou deux hivers dans le Midi, me pilote dans la Kasba qu'il possède à l'égal de Montmartre. Il a ses petites entrées partout. Il connaît les gardiens des mosquées où il fait des études, des M'zabites auxquels il achète des fruits, des propriétaires de cafés maures, de riches Arabes dont il a copié les maisons avec leurs cours plaquées de faïences et leurs colonnades de marbre, des jeunes demi-mondaines, des Kabyles ou des *Oulad-Nayl* qui ont posé dans son atelier.

Nous entrons d'abord dans un café maure dont il est presque un habitué.

Ce café est plus élégant que ceux où j'avais pénétré jusqu'ici. Il est vaguement européanisé. Il y a des chaises, des vases de fleurs, une cage avec un serin. Des gravures coloriées, représentant des navires ou des mosquées de Constantinople, sont accrochées au mur. Les clients sont proprement vêtus et savent quelques mots de français. C'est sûrement le café *select* de la Kasba. Au fond de la salle, un dilettante accroupi sur une banquette caresse paresseusement une mandoline à deux cordes. De cet attouchement presque inconscient s'épand une mélodie uniforme, à peine une mélodie, qui semble partie intégrante de la salle.

A droite de la porte d'entrée se trouve le fourneau, sur lequel se prépare le plus délicieux café que j'aie bu de ma vie : un petit monument de faïence bleue et blanche, troué d'une voûte noire, enfumée, au fond de laquelle quelques morceaux de charbons se consument. A côté du foyer une sorte d'étagère où sont alignées des centaines de minuscules tasses de porcelaine blanc et or ou de diverses couleurs. Le tout, d'une propreté parfaite, reluit, brille comme une vitrine de bijoutier.

Vêtu de calicot bleu rayé, coiffé d'une chéchia rouge patinée par le temps, la graisse et le charbon, le caouadji dispose les tasses, met le sucre, attise le feu, fait chauffer l'eau dans de petits récipients qui ont des airs d'instruments de chimie. Lui-même a l'allure à la fois solennelle et attentive d'un professeur de physique procédant à une expérience. Rien ne le trouble dans son travail. Il n'écoute pas ce qui se dit autour de lui. Il a conscience de l'importance de son sacerdoce.

Le long des murs, dix ou douze Arabes sont accroupis en tailleurs, nu-pieds, ayant déposé leurs pantoufles à côté d'eux ou sous les banquettes. Deux d'entre eux jouent aux dames dans l'embrasure de la fenêtre. Les autres se contentent d'être accroupis. Ils trouvent cette occupation suffisante pour leur bonheur. Quelques-uns tiennent entre le pouce et l'index une tasse de *caoua* qu'à de longs intervalles ils portent à leurs lèvres avec une grande noblesse d'attitude. Ils restent souvent près de deux heures à déguster cette suave décoction de fèves d'Arabie. Parfois, mais rarement, ils échangent de brèves paroles, sans éclat de voix... modérant toujours le geste à l'importance de la phrase prononcée. Puis c'est la grande contemplation du nombril, l'éternelle béatitude de l'oisiveté introublée. De temps en temps, d'une main distraite, ils se caressent les orteils ou la plante des pieds, ce qui paraît leur procurer certaines jouissances intimes. C'est ainsi que pour eux « la gazelle de l'heure galope, emportant les jours » sans que jamais rien ne vienne rompre la monotonie de leur existence satisfaite... A part quelques houris, ils n'attendent rien de plus du paradis de Mahomet.

Pendant un moment, notre présence les a intéressés. C'était pour eux une distraction, un sujet d'entretien. Bientôt nous leur sommes devenus indifférents, et leurs cerveaux ont repris le cours ordinaire de leurs pensées.

De temps à autre, un des clients demande du *kif*. Le caouadji quitte son fourneau, prend dans un coin une pipe en terre emmanchée d'un épais tuyau en jonc, la bourre, allume le *kif* avec un charbon ardent, aspire pour s'assurer qu'elle fonctionne bien et la passe au client. Tout cela se fait sans bruit, comme dans l'attente d'un grand événement.

Le client tire alors une bouffée, une seule, mais combien longue, qu'il exhale ensuite en un épais nuage de fumée, avec une gravité imperturbable. C'est une des occupations les plus sérieuses de la journée. Cette cérémonie terminée, il passe la pipe à un voisin qui fait de même. Un troisième tire également sa bouffée et la pipe est finie.

Tout à coup, nous voyons un indigène entrer en bombe dans le café. Cette fougue nous surprend de la part d'un Arabe. Mais bien vite nous nous apercevons qu'il est complètement ivre. Un litre de vin rouge sous le bras, il va en titubant d'un client à l'autre, leur offrant à boire. Tous refusent. Il se fait servir un café, boit la moitié de la tasse et rallonge le reste avec du vin.

Il remarque notre étonnement et s'écrie :

— Ça c'i un champoreau !

Il paraît fier de son état d'ébriété, qu'il considère sans doute comme le critérium de la civilisation. Très loquace, l'ivrogne retourne vers les clients, leur parle à l'oreille, les presse de l'accompagner en leur montrant la bouteille tentatrice. Enfin un jeune indigène se décide à le suivre.

Ce petit intermède n'a troublé personne de sa quiétude. Les Arabes continuent à songer... à quoi ? Sans doute au Paradis de Mahomet...

Puis l'un d'eux redemande du *kif*.

Et ainsi toute la journée et tous les jours.

Le Savant Arabe

A quelque distance de là, dans une ruelle assez passante, nous pénétrons dans une échoppe bizarre qui est à elle seule tout un poème.

Accroupi au fond de la chambre, derrière une table chargée de livres, le propriétaire de céans, un savant indigène, est occupé à copier un manuscrit arabe. Il a la figure maigre d'un ascète. N'était la chéchia rouge qui perce sous le capuchon brun de son burnous, on le prendrait pour un moine de Zurbaran. Ses yeux, d'un vert bleu très clair, sous l'ombrage d'épais sourcils roux, ont les reflets inquiétants d'une eau profonde dans les feuillages rouillés d'automne. Avec son facies pâle, ses joues pétries dans une cire molle verdâtre, son nez busqué sur lequel repose, très bas, une antique paire de lunettes, sa bouche large, lippue, encadrée d'une barbe rousse peu fournie, il a plutôt l'air d'un Juif allemand poitrinaire que d'un Arabe. Du sang de renégat coule sûrement dans ses veines.

Son corps, enveloppé d'un ample burnous brun, affecte des contours invraisemblables.

La position de ses jambes en particulier est fantastique. Son pied nu, renversé, ramené presque jusque sous le bras, la plante du pied en dessus, sert de reposoir à un chat blanc, immobile, qui détache sa silhouette féline sur les plis sombres du burnous, tel le lion de Lucerne en miniature.

Le savant paraît quelque peu surpris de notre visite. Mon ami B... lui rappelle qu'il a fait réparer une guitare chez lui, et qu'il vient simplement me montrer sa boutique, qui est originale.

Et de fait, cette échoppe exiguë est au moins aussi extraordinaire que son propriétaire. De chaque côté de la porte, qui est en même temps la fenêtre, de petites banquettes recouvertes de tapis servent de piédestal à deux Arabes, les disciples du maître, impassibles, comme des bonzes en porcelaine. Lorsque nous avons pris place à côté d'eux, sur des tabourets, la boutique est remplie. Je suis même obligé pour m'asseoir de déloger un second chat blanc qui saute sur la table et s'installe confortablement sur le manuscrit.

Le fond de la pièce qui encadre la silhouette pittoresque du savant est occupé par des bouquins serrés, entassés sur les rayons d'une bibliothèque, et par une presse ; c'est un atelier de reliure.

Sur une des parois latérales, des instruments de musique, des bibelots d'aspect préhistorique sont accrochés au mur ou alignés sur des tablettes : des guitares, des violes, des luths, des carapaces de tortue, des vases kabyles, des serpents dans des bocaux, des coffrets damasquinés, des lézards empaillés, des ventouses, des cornues, des récipients indéfinissables... Un caméléon traîne langoureusement sa masse informe dans une cage.

Derrière nous, la paroi est également garnie de bouquins, d'instruments de musique, de fioles, de bocaux ; le tout poussiéreux, patiné par le temps. On dirait le laboratoire d'un alchimiste resté intact à travers les siècles. Et tout cela tenant dans une chambre minuscule de trois mètres de large sur quatre de long.

On le voit, ce *thaleb*, au contraire de nos savants qui se spécialisent de plus en plus, est un homme à peu près universel. S'il copie des versets du Koran, il écrit également des déclarations amoureuses pour les illettrés, il raccommode des guitares, vend des remèdes, relie des livres, pose des ventouses, donne des conseils dans les cas difficiles, et fait probablement aussi le commerce très rémunérateur d'amulettes.

La conversation est un peu pénible. Malgré l'explication de mon ami, le savant arabe n'a pas l'air de comprendre pourquoi nous sommes venus le troubler dans son travail. Il nous offre néanmoins de faire le café.

Nous le remercions et nous sortons.

Chez Zora

Il est neuf heures du soir. Après avoir suivi quelques instants les arcades de la rue Bab-Azoum, nous enfilons une de ces artères bruyantes et animées qui mènent au quartier arabe. Un flot ascendant et descendant: Arabes, Espagnols, Maltais, Français, Mahonais, Kabyles, M'zabites, pêcheurs, artisans indigènes, zouaves, matelots se coudoient, s'entrecroisent, s'interpellent en langues diverses à dérouter le plus savant ethnographe. Cette confusion est rendue plus énigmatique encore par l'obscurité que coupent à peine çà et là les flottantes lueurs d'un gaz anémique ou quelques boutiques vaguement éclairées.

Et comme, entre les murailles hautes des maisons, ces rues montent en gradins, qu'elles ondulent pour s'élever vers un sommet invisible, perdu dans le ciel noir, l'idée vous vient forcée, inéluctable, de quelque tour de Babel gigantesque.

Peu à peu les habitations européennes disparaissent. Bientôt nous sommes en pleine Kasba. Le bruit diminue, l'ombre augmente.

Seuls les cafés-maures, regorgeant de burnous, les boutiques d'épiciers m'zabites et de barbiers font des trous lumineux dans les façades. A la pâle clarté du gaz, les constructions mauresques affectent des airs mystérieux de palais abandonnés. Certains détails d'architecture, des cintres, des arcades aux voussures élancées, des colonnades, des créneaux, des arabesques se gravent en noir sur les murs plus clairs, ou en blanc sur les façades sombres.

On aperçoit des perspectives imprévues d'impasses obscures, avec, au fond, l'auréole d'un réverbère dépaysé ; dans les carrefours, sur le seuil des portes, des Arabes et des nègres forment des groupes silencieux et méditatifs. Çà et là nous passons sous une voûte basse. Des portes ouvertes nous montrent des intérieurs suggestifs, des chambres où les filles attendent, accroupies sur des nattes, les visites des matelots ou des soldats. Mais, comme ces dames sont éclectiques de tempérament, elles nous font des signes engageants. L'ameublement de ces chambres est sommaire : une paillasse recouverte d'un tapis ou bien même une simple couverture ; quelquefois une table et une cuvette.

Nous avions rencontré dans l'après-midi une jeune Mauresque voilée, une connaissance de B..., et nous lui avions promis de venir prendre le café chez elle, le soir. C'est pour tenir parole que nous errons à ces heures tardives dans ce quartier.

Enfin une petite ruelle déserte, sombre, dont les maisons se rejoignent presque au sommet, c'est là. Mon ami heurte à une petite porte. La maison est de maigre apparence, et nous entendons une violente discussion. L'ombre d'une tête s'esquisse à la petite lucarne qui sert de fenêtre. On nous a reconnus. La discussion se calme et une jeune bonne vient nous ouvrir.

En entrant, je ne puis retenir une exclamation de surprise.

L'intérieur, en effet, se trouve être une vraie merveille artistique, un bijou d'architecture. L'habituelle cour mauresque, rectangulaire, sur le pourtour de laquelle règne, à la hauteur du premier étage, une galerie soutenue par une colonnade de marbre. Mais quelles lignes souples ! quelles proportions admirables ! Avec quelle délicatesse les colonnes et les voûtes byzantines découpent leurs graciles silhouettes de marbre blanc sur le fond plus sombre des murs ! Toutes les parois sont plaquées de faïences italiennes, et nos pieds foulent une mosaïque dont les arabesques se fondent dans cette indécise tonalité que donne l'usure.

Au premier étage, la colonnade se répète, et le long de ce balcon intérieur court la plus délicieuse balustrade qu'on puisse rêver, en bois sculpté d'une finesse et d'un fouillé invraisemblables, comme le plus savant travail japonais. Plusieurs portes massives, artistement sculptées dans un bois rouge sombre, rehaussent encore l'élégance et la richesse de cette demeure.

C'est un ancien palais... ayant appartenu sans doute à quelque somptueux corsaire turc ou à quelque puissant agha. Et cette cour, ces balcons et ces chambres, mon imagination me les représente peuplés d'esclaves grecques ou espagnoles, d'odalisques et d'almées!

Rien n'est triste comme la vision des grandeurs déchues.

Et tout à coup, d'autres visions analogues me reviennent. Je me rappelle les palais vénitiens! Sur un *canaletto* désert, au milieu de masures et de maisons décrépites, je revois entre autres un vieux palais resté debout. Sur sa somptueuse façade de marbre, sur les plus purs motifs d'architecture Renaissance, s'étalent, comme des stigmates, des cartouches et des écriteaux vulgaires : « chambre à louer », « dépôt de charbon », « vins en gros et en détail ».

Cette survie déshonorante des choses est

plus pénible à voir que les ruines mêmes, car à l'œuvre du temps, toujours grande, toujours poétique malgré sa tristesse, l'œuvre de l'homme a ajouté sa note triviale ou avilissante.

Il me fallut quelques instants pour me remettre, chasser ces mélancoliques évocations et me souvenir que j'étais venu, non pour visiter un monument célèbre, mais simplement pour voir la demeure d'une modeste courtisane mauresque.

Et j'étais légèrement ahuri lorsque je pénétrai dans le salon de réception de la belle Zora.

Aussi bien, c'est là que la désillusion commence.

Cette chambre ne correspond plus, en aucune façon, à la somptueuse architecture de la cour : des murs blancs et peu de meubles. Un canapé, une commode du faubourg Saint-Antoine, et dans le fond un lit indiquent une tendance de la jeune personne au confortable européen.

A droite de la porte, une petite table incrustée de nacre, haute comme un tabouret et sur laquelle est posé un large plateau ciselé. Sur ce plateau un vase de fleurs et un chandelier. Auprès de la table, quelques coussins gisent à droite et à gauche sur d'épais tapis.

Zora ben Mohammed entre, esquissant un sourire de poupée, et nous nous installons comme de vieux musulmans autour de la table, tandis que des soubrettes bizarres vont et viennent en nous regardant curieusement.

Zora a dix-huit ans, mais n'est déjà plus la fraîcheur même. La poudre de riz et le maquillage dont elle use s'allient mal avec l'ocre de son visage et de son cou. Les sourcils teints se rejoignent au-dessus de ses beaux yeux noirs. Du reste, aucune expression sur cette figure de cire.

Elle est vêtue d'un corsage de velours noir chamarré de riches passementeries d'or. Un ample pantalon de soie bouffant prenant très haut la taille et descendant aux chevilles dissimule toutes les formes de son corps. Sa tête est couverte de foulards et de bijoux. Des colliers de pièces d'or courent sur sa nuque et sa poitrine. Des multitudes de bracelets enserrent ses poignets et ses chevilles. Ses ongles sont teints au henné.

Elle s'assied gentiment entre nous deux, et nous causons, en attendant le café. La conversation ne marche pas fort, car nous avons vite épuisé notre répertoire arabe, et Zora elle-même n'a pas à son service un lourd bagage de mots français. Heureusement la mère arrive à la rescousse. C'est une petite femme vieillotte de quarante ans qui parle le français suffisamment. Elle nous avoue que Zora n'est pas le nom de sa fille.

Pour les étrangers, il n'y a que deux noms qui plaisent : Zora et Fatma. D'ailleurs Fatma se dit Fetouma en arabe... Nous apprenons également, non sans quelque étonnement, qu'elle paie cinquante francs par mois pour la location de la maison entière ! Doux pays, où un palais ne coûte pas plus qu'une mansarde à Paris !

Une fillette de dix à onze ans, véritable espiègle, barbouille aussi le français — elle sort de chez les Sœurs — et remplit son rôle de trucheman avec un brio fort peu canonique.

On verse le café. Puis une jeune femme arrive, s'installe près de nous et donne le sein à un bébé de quatre mois qui tette avec avidité. Une ou deux vagues cousines viennent encore s'accroupir autour de la table. La smala est au complet, à l'exception des deux frères qui, paraît-il, viennent souvent boire le café pour tenir compagnie aux hôtes. Tout le monde me considère avec un profond respect, car mon ami a laissé entendre qu'en France je suis un marabout fort vénéré.

Il est d'usage qu'après le café la famille se retire et laisse l'hôte en tête à tête avec la belle Zora.

Nous renonçons au tête-à-tête... et nous partons en très bons termes avec toute la smala, y compris Zora qui, bien qu'un peu triste de nous voir dédaigner ses appas, nous accompagne jusque sur le seuil de son palais, un bougeoir à la main, et le sourire professionnel aux lèvres.

Nous la consolons par une fallacieuse promesse : *redoua, redoua !* à demain, à demain !

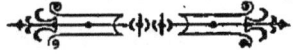

Les Femmes voilées

C'est vendredi, jour où les femmes arabes sont autorisées à rendre visite aux morts dans les cimetières. Pour ces recluses, c'est un jour de fête. Elles mettent leurs plus belles parures, leurs étoffes les plus fines, leurs haïks les plus blancs, et, quelquefois seules, souvent deux ou trois ensemble, s'en vont faire leurs dévotions à la Koubba de Sidi-Mohammed Abd-er-Rahman Bou-Kobrin.

Hélas ! Pauvres prisonnières ! sans doute la vue des Européennes qui trottinent affairées vous fait envie. Vous voudriez être libres... ce petit coin de voile soulevé vous laisse entrevoir une vie moins terne, toute de distractions bruyantes, de joies et de plaisirs. Peut-être y a-t-il déjà chez vous comme un germe de mouvement féministe ? Peut-être demanderez-vous qu'on mette enfin un terme à la tyrannique domination de vos maris, et vous révolterez-vous, au nom des lois mêmes des conquérants qui vous ont oubliées ou sacrifiées dans leur œuvre de civilisation et de soi-disant assimilation ?

Mais non ! Illusion profonde ! illusion de nouveau débarqué !

Leur sort leur plaît, à ces placides Mauresques. Cette existence passive leur paraît préférable à la vie pleine de tracas et de labeur de nos ouvrières et de nos petites bourgeoises. Et certainement Mesdames Pognon et Paule Mink trouveraient peu d'adeptes parmi elles. D'ailleurs la femme arabe, du moins celle des villes, jouit de cette supériorité incontestable sur la femme chrétienne, qu'elle ne travaille que pour elle-même et pour son ménage. Elle ignore l'horreur des ateliers et des fabriques. Et puis, si elle est pauvre et prisonnière, c'est Allah et Mahomet qui l'ont voulu ! C'en est assez pour qu'elles se croient heureuses.

Au cimetière, leurs dévotions sont suivies de longues causeries entre amies et connaissances, voire de pique-niques sur l'herbe. C'est le jour de sortie du lycéen, avec les joies et les gamineries inhérentes à la liberté.

Lorsque le soleil commence à baisser, elles quittent le cimetière de Bou-Kobrin, et reviennent vers la Kasba en longues théories. Leur pas lent et mal assuré, un certain déhanchement de femme peu habituée à marcher, un dandinement gauche nuisent à la majesté de leur allure. On a peine à reconnaître une forme humaine sous cette vague pyramide blanche qui va...

Elles cheminent silencieuses, telles des ombres... Seuls, leurs grands yeux noirs font tache dans cette masse cotonneuse. Ils se fixent sur vous, vous pénètrent comme des flèches, et, bien longtemps, bien des jours plus tard, vous les revoyez encore, ces yeux noirs, promesse inoubliée d'amours irréalisables.

Pourquoi ces yeux nous font-ils ainsi courir un frisson par tout le corps? Est-ce leur grandeur, leur forme en amande? leur couleur? les longs cils qui les noient? Ou bien en disent-ils réellement plus long que les doux regards de nos aimables Européennes?

Peut-être ces femmes voilées ne pouvant se servir ni de leur bouche pour parler, ni de leurs lèvres pour sourire ou témoigner leur mépris, ni de leur teint pour rougir, ni de l'expression générale du visage, concentrent-elles naturellement dans leur regard tous ces divers moyens *d'expressivité*. De là l'intensité presque effrayante de ces regards.

D'autre part comme, lorsqu'on rencontre une Mauresque, on n'aperçoit que ses yeux, on dirige soi-même toute son attention sur ce point de mire. On n'est pas détourné par la vue du visage, de la bouche qui vous sourit, et l'on scrute, l'on fouille jusqu'au fond de ces orbites noires qui ardent comme des charbons..... et peut-être y lit-on des choses qui n'y sont point.

Une autre cause moins abstraite de cette puissance du regard chez la Mauresque, c'est le *kohl*.

Cette merveilleuse préparation est d'origine très ancienne. Elle a inspiré les poètes de l'Orient..... tout comme chez nous le savon du Congo, et vaut bien que je lui consacre quelques lignes de ma modeste prose.

Le kohl ou kohol, ou koheul, sulfure d'antimoine auquel on joint du sulfate de cuivre, de l'alun calciné, quelques clous de girofle et du noir de fumée, n'est pas seulement un élément précieux de maquillage pour la beauté féminine. C'est aussi un collyre très efficace contre l'ophtalmie si fréquente dans le désert. A ce double titre il avait droit à la reconnaissance des hommes. Aussi Mahomet, qui ne fait rien à demi, lui a-t-il attribué une origine surnaturelle.

Lorsque le Seigneur, dit la légende, apparut sur le Djebel-el-Thour (le Sinaï), bien que la flamme divine ne fût pas plus grosse qu'une fourmi, elle embrasa la montagne entière, en calcina toutes les pierres, les transformant en kohl. Tout le kohl qui se trouve disséminé dans les autres contrées provient du Djebel-el-Thour.

La tradition affirme que c'est pour son peuple égaré dans le désert que le Seigneur a changé le mont Sinaï en kohl. Mahomet en a prescrit l'usage et s'il l'a recommandé aux croyants, ce ne peut être que par l'inspiration de Dieu.

Enveloppés dans la buée bleuâtre du kohl les yeux deviennent alors « profonds comme des puits où tremble une étoile ».

« Quand une femme s'est orné les yeux de kohl, paré les doigts de henné, elle est plus agréable aux yeux de Dieu, car elle est plus aimée de son mari. »

Mais voilà bien de la psychologie et de l'érudition pour des yeux noirs !

Cependant la nuit approche et la promenade hebdomadaire des Mauresques touche à sa fin. Elles ont retraversé la ville française avec la même curiosité mêlée de résignation qu'à l'aller. Le destin les ramène à la Kásba. Elles s'engagent dans les rues tortueuses de la cité arabe, passent comme des pénitents blancs le long des maisons sans fenêtres. De temps à autre, une de ces cloîtrées jette un dernier regard vers la rue, puis, par une porte guère plus haute qu'un soupirail, rentre dans sa prison.

Et les autres vont plus loin, montent par d'autres ruelles, et tout à coup, baissant la tête, disparaissent dans un trou noir.....

Bientôt tous les fantômes sont évanouis...

Çà et Là

La lutte arabe.
Une chasse au chacal.
Ascension du Sidi-Abd-el-Kader.
En Kabylie.

La Lutte arabe

Les habitants d'Alger sont si blasés sur tout ce qui est arabe, s'occupent si peu des mœurs, des cérémonies, des fêtes indigènes, qu'un voyageur n'est jamais mis au courant de ce qui peut s'y passer d'intéressant. Aussi est-ce tout à fait par hasard que, aux portes d'Alger, j'assistai à un spectacle des plus curieux : une lutte arabe.

Je me rendais modestement en omnibus au Jardin d'Essai, où j'aime à flâner sous les dômes toujours verts des ficus gigantesques, dans les allées de palmiers et de bambous, avec, dans l'air, la molle senteur des roses, des héliotropes et des géraniums, lorsque, à deux pas du cimetière de Sidi-Mohamed Bou-Kobrin, sur une vaste pelouse, j'aperçois un grouillement insolite d'Arabes. A première vue, je suppose que c'est un marché aux bestiaux, car quantité d'ânes, de mulets, de chevaux sont là, entravés.

Intrigué, je saute à bas du véhicule et bien vite je suis détrompé. Ce n'est pas un marché, mais bien une fête indigène, une sorte de concours régional de gymnastique, moins la fanfare.

Le long de la pelouse où joutent les lutteurs, court, en pente assez raide, une haute estrade naturelle sur laquelle, tels des goélands, des multitudes d'Arabes en burnous blancs ont pris place.

Ils sont assis sur l'herbe, échelonnés en groupes suant le pittoresque jusque dans les moindres détails, et de là, comme d'une tribune, ils suivent d'un œil attentif les péripéties du combat.

En bas, sur la pelouse, des centaines d'indigènes ont formé le cercle autour des lutteurs. Aux premiers rangs, des enfants et des jeunes gens sont accroupis et parfois ils *écopent* quelques horions, lorsque l'ardeur de l'action précipite les lutteurs sur le public. Derrière eux les autres spectateurs, debout, se pressent burnous contre burnous, se penchent par-dessus les épaules de leurs voisins pour mieux juger des chances.

Et quelle variété de types dans ce public : depuis le petit cireur algérien jusqu'aux caïds des villages environnants, des cheiks venus d'Arba, d'Aïn-Taïa, de Rouïba, de Ménerville, de Tablat, pour assister au triomphe du champion de leur village ; des vendeurs de nougat ou de citronnade, des juifs, des

Kabyles mal vêtus, de riches marchands d'Alger, des enfants des environs, demi-nus. Deux ou trois femmes voilées, des hétaïres probablement, sont aussi là, mais se tiennent un peu à l'écart.

Les bourriquots, les mulets et les chevaux que j'avais aperçus de la route et qui m'avaient fait croire à un marché de bestiaux, sont parqués dans un coin et ajoutent encore au pittoresque de cette scène.

Ce sont les montures des Arabes de la province. De près, il est vrai, le pittoresque fait place à la pitié. La plupart de ces pauvres bêtes sont d'une maigreur sinistre. Elles sont là, entravées, misérables sous le plomb du soleil brûlant, dans un bourdonnement de mouches qui s'acharnent sur leurs plaies sanguinolentes.

Mais ces détails se perdent dans cet ensemble grouillant de vie où le soleil jette sans compter tout son poudroiement d'or, où tout vibre, étincelle, ruisselle de clartés et de jeux de lumière imprévus. Je constate, non sans un certain étonnement, que je suis seul Européen à savourer ce spectacle aussi brillant que gratuit, et j'avoue que mon complet gris doit jeter une note singulièrement discordante dans ce concert de couleur locale.

Le principe de la lutte est assez simple.

Lorsque deux champions se trouvent à peu près de forces égales, ils se provoquent, ils cherchent à se saisir, se fatiguent un instant par de feintes attaques et le corps à corps commence. Dès que l'un d'eux a touché la terre d'une épaule, il est vaincu. Mais ce ne sont pas seulement des provocations personnelles. Ce sont aussi des provocations de localité à localité. Ainsi, après les premiers assauts qui se font entre sujets de moindre importance, arrivent les champions des villages et des villes.

L'élément kabyle, c'est-à-dire l'élément montagnard, y paraît le plus fortement représenté. Et certes, c'est bien moins aux indolents Arabes du Sahel qu'aux robustes habitants du massif du Djurdjura qu'il faut attribuer l'existence de cette coutume. Cette lutte offre d'ailleurs une analogie frappante avec le *Ringen* de l'Oberland et du Tyrol. Sans remonter à une origine commune, on peut en conclure qu'en Afrique comme en Europe la lutte est un genre de divertissement des gens de la montagne, plutôt que des paysans de la plaine.

Un assaut terminé, de nouveaux champions se présentent. Ils entrent dans la lice et en font le tour à la course, les uns après les autres, en manière de défi. Cette course est d'un genre particulier. Le corps penché en avant, la tête baissée, ils sautent plutôt qu'ils ne courent, retombant très lourdement sur leurs talons.

C'est une sorte de tour de piste où spectateurs et acteurs peuvent préjuger de la force des concurrents et où les paris pourraient être engagés. Les deux grands favoris sont ceux d'Alger et du Gué-de-Constantine. Hélas! il n'y a pas de pari mutuel!

La lutte est souvent très acharnée. Lorsqu'elle se prolonge avec des chances égales, les adversaires s'excitent à tel point que des anciens sont obligés de s'interposer et mettent fin au combat. Les champions ainsi séparés passent leur tour à d'autres et recommencent plus tard.

Quelques anciens, avec des airs de patriarches, vont et viennent dans le cercle réservé aux lutteurs. Ce sont eux qui règlent les jeux, font cesser le corps à corps, décident du vainqueur dans les cas contestés.

Ils jouent aussi le rôle assez comique de *Père la Pudeur :* à part une ceinture de cotonnade assez mal ficelée autour des reins, les jouteurs sont nus comme des vers. Comme l'unique prise qu'ils ont l'un sur l'autre est précisément cette ceinture, elle se trouve fort malmenée pendant le combat. Souvent elle reste dans la main d'un adversaire, mettant ainsi à découvert certains détails intimes que les Arabes, d'ailleurs très pudibonds, cachent avec grand soin. Aussitôt le flagrant délit d'outrage à la pudeur constaté, les trois ou quatre anciens présents se précipitent vers les combattants et de leurs burnous étendus, disposés en paravent, ils dissimulent aux yeux du public le malheureux champion jusqu'à ce qu'il ait réparé le désordre de son sommaire costume.

Après chaque assaut, les lutteurs se serrent la main ou s'embrassent sur l'épaule, à la mode arabe. Quelquefois deux adversaires acharnés refusent de se réconcilier. Le vaincu en veut à mort au vainqueur et boude. Alors les anciens arrivent, parlementent, ordonnent, et l'indigène récalcitrant finit par céder. Les deux ennemis s'embrassent du bout des lèvres.

Il y a parmi eux des gars superbes. Selon le mouvement de ces corps bronzés se tordant en des poses plastiques, on croirait voir le célèbre groupe antique reprendre vie devant soi. Et le soleil joue dans l'entrelacement de ces membres raidis, plaque des reflets métalliques, au hasard des attitudes, sur des muscles levés, sur une omoplate saillante, illumine un jarret tendu, fait briller l'éclair d'un œil noir..... Cependant les derniers champions ont combattu. Au signal d'un ancien, la fête est terminée.

En un instant, tout le monde est debout. Les lutteurs remettent à la hâte leurs gandouras et leurs burnous.

C'est un pêle-mêle général.

Les ânes, les mulets sont détachés, bâtés ; les Arabes montent dessus, quelquefois deux en croupe, et la foule s'écoule dans toutes les directions.

Une Chasse au Chacal

Non loin de Tizi-Ouzou, sur les confins de la Kabylie, se trouve Bordj-Menaïel, un village où le touriste ne s'arrête guère. Il ne se recommande, en effet, ni par son confort, ni par le pittoresque ou la beauté du paysage. Des maisons quelconques, à un étage, construites sur deux rues parallèles, dans un pays peu accidenté, et habitées par une cinquantaine de colons et une douzaine de fonctionnaires.

J'y étais allé, vers la fin mars, rendre visite à un de mes amis. M. Max B... qui dirige, dans ce coin perdu, une importante usine de crin végétal, la seule industrie spéciale de la contrée.

— Demain matin, me dit mon ami, nous partons à cinq heures pour chasser le chacal. Le caïd Seckri a été prévenu de ton arrivée et il t'invite à une de ses chasses, d'un genre particulier, comme tu n'auras peut-être jamais l'occasion d'en voir en Algérie.

— A merveille! m'écriai-je. Et qui est ce Seckri ?

— C'est un puissant chef arabe des environs, propriétaire d'un millier d'hectares. Il est amateur passionné de ce genre de sport, dont il tire quelque vanité. Il se met à notre disposition avec son *goum*, ou plus modestement ses parents, amis et domestiques. Tel un seigneur du moyen âge, à la tête de ses vassaux.

La pluie étant tombée toute la nuit et toute la matinée, nous ne pouvons partir qu'à deux heures. Notre caravane se compose d'une dizaine d'Européens parmi lesquels le substitut du juge de paix, le receveur des domaines, mon ami et moi, tous à cheval, et d'un petit groupe d'indigènes : le cadi, Kabyle roublard et buveur d'absinthe, pas sportsman du tout, juché sur une mule grise bien docile, et quatre ou cinq cavaliers arabes, le burnous flottant, le fusil en bandoulière. Les fusils, disons-le tout de suite, ne sont là que pour la forme, pour l'œil, car, dans cette chasse comme on le verra plus loin, aucun coup de feu ne doit être tiré.

A trois kilomètres de Bordj-Menaïel, nous atteignons le rendez-vous de chasse, un café maure, à la porte duquel le caïd Seckri, flanqué de ses deux frères, nous reçoit avec une extrême courtoisie.

Ce café maure, qui se trouve à mi-chemin

entre Bordj-Menaïel et la demeure du caïd, n'est qu'un simple gourbi en roseaux à claire-voie. A l'un des coins, un creux dans le sol fait le simulacre d'un fourneau. Malgré cette primitive installation, le *caouadji* n'en prépare pas moins un excellent *caoua*, qu'il sert dans de petites tasses de fine porcelaine.

Nous prenons place dans la hutte sur des tas de briques, en guise de chaises, tandis que notre hôte et les principaux personnages de sa suite s'accroupissent sur des nattes.

Les présentations faites et le café dégusté, les ordres pour le départ sont donnés. Il y a là, aux abords du gourbi, une centaine d'indigènes en burnous, enfants et adultes, sous la conduite de l'infatigable Hassen, qui vont servir de rabatteurs. En quelques paroles brèves, Seckri leur indique la route qu'ils auront à suivre. Ils graviront la colline. Au sommet, ils s'espaceront en longue chaîne et redescendront sur l'autre versant en poussant des cris pour amener le gibier vers l'endroit où les cavaliers seront postés.

Une fois ses dispositions stratégiques prises, ses rabatteurs lancés en tirailleurs, le caïd, avec l'importance d'un général suivi de son état-major, part à la tête des cavaliers, et nous nous rendons au petit trot au lieu qu'il a choisi.

Notre chef n'est pas un vulgaire *bico*, mais un Arabe de haute marque et de vieille noblesse. Rarement j'ai vu allier plus de finesse à plus de dignité. Maigre et de grande taille, le teint basané, la barbe poivre et sel très courte, le nez aquilin, le profil arabe dans toute sa pureté, l'œil très vif mais bon, un sourire légèrement ironique sur les lèvres, il vous salue avec la courtoisie d'un homme du monde et je ne sais quelle dignité orientale en plus. Il parle un français assez correct, il a été à Paris, est décoré des « palmes *cadémiques* » comme il dit lui-même, et se croit membre de la *Cadémie*. A Bordj-Menaïel, on peut se tromper de ça !

Mais j'allais oublier les chasseurs. Car les chasseurs, en réalité, ce n'est pas nous, ni les indigènes rabatteurs, ni même le caïd. Ce sont les *sloughis* ou lévriers d'Afrique ; *kif kif* la forêt de Chantilly, nous allons chasser à courre. La seule différence est que les chiens courants y sont des sloughis et le cerf un chacal.

Le caïd Seckri possède cinq sloughis, qui sont célèbres dans la région et dont il est très fier. Le préféré du maître s'appelle *Haouèche*. C'est un coureur hors ligne, toujours le premier à forcer le chacal et à le saisir à la nuque d'un coup de mâchoire. De nombreuses cicatrices attestent sa valeur. Il est d'une santé délicate, souffre de rhumatismes ; aussi porte-t-il un paletot, comme les levrettes de nos Parisiennes. Sa patte droite est teinte au henné. C'est, du reste, le seul de ses sloughis que le caïd honore d'une caresse ou d'une parole amicale.

Après avoir longé pendant quelques kilomètres le pied de la colline, le caïd nous place en observation et va se poster en embuscade à une centaine de pas plus loin, avec ses lévriers tenus en laisse par un Kabyle.

Bientôt, sur la hauteur, des cris retentissent. Ce sont les rabatteurs. On aperçoit sur sur la crête les points blancs de leurs burnous s'agiter dans les oliviers. Ils avancent, moitié courant, moitié au pas, en hurlant, frappant les buissons. Deux ou trois chiens kabyles les aident dans leur besogne. La chaîne se rapproche, descend les flancs de la colline. Les hurlements des Arabes deviennent féroces. Il y aurait de quoi faire trembler les chacals à dix lieues à la ronde.

A chaque instant, notre petite troupe de cavaliers se renforce. Attirés par le bruit, tous les Arabes des environs qui possèdent un cheval viennent se joindre à nous et nous font une brillante escorte. Ces chasses, en effet, sont une véritable fête pou tous les gens de la contrée. Enfin, les rabatteurs arrivent à une faible distance de nous, mais pas un chacal n'a paru. Sans perdre une minute, ils repartent pour faire une battue sur une colline plus éloignée.

Pendant cette manœuvre, qui doit prendre une demi-heure au moins, le caïd s'en va fouiller les bords d'un *oued* avec ses chiens. Là encore, à part quelques pluviers et quelques vanneaux, aucune bête n'est signalée.

De nouveaux cris retentissent sur la montagne. Les burnous réapparaissent. Les Arabes descendent, dévalent vers la plaine.... rien n'arrête leur course. Ils roulent sur les cailloux, traversent les haies de cactus, sautent par-dessus les jujubiers et les palmiers nains... et la plupart sont pieds nus !

Cette battue reste également sans résultat. Plus loin, sur une autre colline, un chacal est levé. Mais les rabatteurs ont crié trop tôt, la chaîne n'était pas formée, les sloughis n'étaient pas à leur poste, et l'animal est bientôt hors de vue.

Notre caïd paraît fort contrarié. D'autant plus que le soleil baisse et que tout fait prévoir que nous rentrerons bredouilles. Pourtant il n'abandonne pas la partie. Cette fois, nous quittons la plaine, et nous escaladons la montagne. Nous faisons au chacal l'honneur de l'aller chercher chez lui. Nos petits chevaux barbes grimpent dans les rochers comme des gazelles. Au bout d'une demi-heure, nous sommes au sommet : une sorte de dédale de rochers entre lesquels ne poussent qu'une herbe rare et quelques palmiers nains ou des oliviers rabougris.

Le panorama est d'une sauvage grandeur.

Vers le sud, à une portée de canon, sous un ciel gris violacé, la mer étend sa masse d'un bleu sombre avec, sur les bords, la dentelure blanche des vagues. Une brise fraîche, presque glaciale, nous vient du large. A l'est, les collines dénudées des premiers contreforts du Djurdjura. Longue série uniforme de mamelons recouverts de chênes-liège, de buissons de lentisques et de jujubiers ; solitude imposante où aucune habitation n'est visible. C'est bien là la patrie des fauves ; chacals, hyènes, sangliers y sont nombreux. Et les lions et les panthères n'y paraîtraient nullement dépaysés.

Au nord ainsi qu'à l'ouest, la scène est moins sévère. Au pied de la montagne, de vastes plaines en partie cultivées où serpente l'eau grise de l'oued Isser. Des champs d'orge, d'avoine, qui coupent çà et là les prairies à perte de vue. Puis de petits villages : Bordj-Menaïel, Isserville, Haussonvilliers, vaguement indiqués dans des groupes d'eucalyptus. Et au delà de la plaine, l'Atlas aux lignes sobres et grandioses, dure silhouette d'un bleu uniforme, derrière laquelle fulgure le soleil couchant, que toute la brillante palette d'un Besnard ne saurait rendre. Tous les rouges, les jaunes, les oranges, les ocres, vermillon, garance, cadmium dans toute leur intensité, le vert émeraude du ciel et le cobalt de la montagne ; tout cela se heurte à une orgie de couleurs brutale mais sublime.

Je me trouvais amplement dédommagé de nos insuccès cynégétiques par la beauté du spectacle, ou pour mieux dire j'en avais complètement oublié la chasse et les chasseurs, lorsque, tout à coup, des cris me rappellent à la réalité, et, presque à mes pieds, passe comme une flèche une bête d'un gris roux.

C'est un chacal qui fuit devant les rabatteurs.

Les sloughis sont lâchés. Le chacal dévale par une sorte de large couloir, sans arbres, sans rochers, et bien vite il est gagné de vitesse. D'un bond, *Haouèche* le saisit à la nuque. Les autres lévriers donnent aussi leur coup de dents, et ce serait bientôt fait du carnassier si les Arabes n'intervenaient.

En effet, les premiers rabatteurs sont déjà

là. Ils courent avec une rapidité absolument invraisemblable. L'intrépide Hassen, en quelques bonds, a rejoint le chacal, presque en même temps que les sloughis. Il est nu-pieds et court indifféremment sur les rocailles, sur les silex tranchants ou les pointes de roseaux coupés à ras du sol. Il a plutôt l'air de voler que de courir.

Bientôt tous les indigènes arrivent sur la crête, et dégringolent ensuite au milieu des rochers en poussant des cris de triomphe. C'est une véritable avalanche de burnous.

Comme, derrière la crête, les sanglantes lueurs du soleil couchant ont l'air d'un volcan crachant de la lave et des flammes, cette descente vertigineuse dans la pénombre crépusculaire a quelque chose de fantasmagorique et de sinistrement dantesque. Leurs cris sauvages sont terrifiants ; il me semble assister à la fuite d'hommes primitifs devant quelque effroyable cataclysme préhistorique.

Hassen, cependant, délivre le chacal qui n'est pas mort et dont les crocs pointus et l'œil méchant sont encore pleins de menaces. On lui passe dans la gueule un morceau de bois qu'on lie fortement avec des feuilles de palmier-nain. Tout le monde est là qui entoure le prisonnier. On discute les incidents de la chasse. C'est une affaire d'État. Que fera-t-on du chacal ? Les jeunes sont d'avis de le relâcher pour lancer les sloughis à sa poursuite.

Le caïd met un terme à ces bruyantes discussions en ordonnant une nouvelle battue.

Aussitôt, la bête est égorgée d'un coup de *flissa*, les indigènes repartent en ordre de bataille, se dispersent sur un autre mamelon, et la chasse recommence.

Le soleil est couché, la nuit vient, et les burnous blancs courent encore dans la montagne.

Un nouveau chacal est levé. Il prend sa course vers la plaine et suit la rive d'un *oued* au bord duquel le caïd est déjà posté avec ses sloughis. Il passe... les sloughis partent. Vingt, trente bonds et il est près d'être rejoint. Un instant cependant, le fuyard regagne le fourré et parvient à dépister les lévriers qui manquent de flair et ne chassent qu'à vue. Mais nous poussons nos chevaux dans cette direction, en criant de toutes nos forces. Affolé, le chacal se relance dans les champs. C'est son arrêt de mort.

Tous les cavaliers, au nombre de cinquante au moins, lancent leurs chevaux au galop à la suite de la meute. Aucun obstacle n'effraie ces chasseurs intrépides. C'est une véritable fantasia ! Poursuite inénarrable, presque dans la nuit, à travers des champs et des prairies, dans une plaine immense coupée çà et là par des ruisseaux et des fossés.

Les premiers cavaliers, le caïd en tête, sont à quelques mètres des sloughis. Nous sautons des fossés. Un Arabe et son cheval tombent dans un *oued*. Mais ils se relèveront bien tout seuls !... Et la chasse continue dans un flottement de burnous blancs. La troupe passe... tels des djinns.

Seul, le cadi, sur sa petite mule bien docile, nous suit à distance, au petit trot...

Après une course échevelée de deux ou trois kilomètres, le chacal, qui avait une forte avance, est rattrapé par les sloughis, et quelques coups de dents l'arrêtent dans sa fuite.

Cette fois, la chasse est terminée. Nous prenons congé du caïd, qui, en nous offrant gracieusement les victimes, nous invite pour la *diffa* le lendemain, et notre petite troupe regagne Bordj-Menaïel en pleine nuit.

Ascension
DU
Sidi-Abd-el-Kader

Nous formons une caravane imposante de quinze personnes, plus deux guides indigènes et deux mulets.

Partis de Blida à six heures du matin, par une belle journée du mois d'avril, nous laissons à notre droite les gorges si connues de la Chiffa et le Ruisseau des Singes, et nous gravissons lentement les premiers contreforts du Sidi-Abd-el-Kader.

A peine hors de Blida, ville que les Arabes en leur langage imagé surnomment à juste titre « la voluptueuse », « la courtisane », « la petite rose », « la parfumée », de Blida qui sommeille encore au milieu de ses bois d'orangers et de ses jardins aux plantes odoriférantes, comme un Amour endormi dans une corbeille de fleurs, nous tombons, sans transition aucune, dans des terrains arides, incultes, où pousse une herbe rare et jaunâtre avec, çà et là, quelques touffes de palmiers nains, arbuste qui a perdu pour moi toute espèce de poésie, depuis que je sais qu'il sert à la fabrication du crin végétal.

Le sentier est abrupt et rocailleux. De loin en loin, un gourbi isolé autour duquel aboient des chiens hargneux. Par petits groupes, des Kabyles dévalent de la montagne, venant de très haut, et portant sur la tête de lourdes charges de charbon, de racines ou de bois volés. Souvent ils ont cinq ou six heures de marche à faire jusqu'à Blida, autant au retour... et tout ce trajet afin de vendre pour quatre ou cinq sous de bois ou de charbon !

Vers huit heures, nous atteignons Aïn-Talazid, petite source jaillissant du rocher, au bord de laquelle « nous cassons la croûte », expression consacrée en Algérie pour ces sortes de pique-niques. Le site est pittoresque, la contrée plus intéressante, plus accidentée qu'au début. La vue s'étend au loin sur les riches plaines de la Mitidja et sur le Sahel, tandis qu'à nos pieds, dans son nid de verdure, Blida se réveille aux premiers rayons du soleil levant. Ses maisons blanches étincellent comme des blocs de marbre, restes de quelque palais gigantesque.

Plus haut commence la région des cèdres, et nous voilà à plus de quinze cents mètres, marchant sous bois. En effet, si dans les Alpes les montagnes sont boisées à la base et dénudées au sommet, dans l'Atlas on constate presque toujours le contraire. Ici ce sont les crêtes qui sont couronnées de forêts, tandis que les contreforts sont d'une aridité désespérante. Et plus on s'élève, plus le cèdre devient grand, sain, robuste. Il n'est réellement beau que sur les cimes où sa carrure se développe avec une ampleur majestueuse. Le cèdre africain n'a du reste pas le feuillage vert foncé de son congénère acclimaté en Europe. De loin, sa tonalité jaunâtre le ferait confondre avec le mélèze.

Vers dix heures, nous arrivons au bas du dernier piton, petit mamelon abrupt, hérissé de cèdres, et entièrement recouvert de neige. Un quart d'heure d'escalade pénible, où nous enfonçons dans la neige jusqu'aux genoux, et nous voici au sommet, c'est-à-dire à 1.629 mètres.

Altitude déjà respectable. Pourtant le Sidi-Abd-el-Kader ne compte pas parmi les plus hautes montagnes de l'Algérie. La plus élevée est le Djebel-Chelia, dans l'Aurès, qui atteint 2.331 mètres, puis la Lella-Khredidja, dans le Djurdjura, avec 2.308 mètres. Le Djebel-Dira près d'Aumale et quelques cimes du massif de l'Ouarsenis et des monts de Tlemcen atteignent 1.800 mètres.

Au sommet, une déception nous attendait, la vue étant entièrement masquée par les arbres. En revanche, il nous est donné d'y visiter le marabout du très vénéré Sidi Abd-el-Kader, compensation maigre, d'ailleurs.

Cette *koubba,* construction très basse et de forme allongée, n'est en réalité qu'un vulgaire gourbi. Nous la trouvons enfouie sous une couche de neige qui a près de deux mètres d'épaisseur. Seule, l'arête du toit, un toit de chaume, en émerge. Un petit tunnel creusé dans la neige par de pieux Arabes conduit à l'entrée. Nous y pénétrons en nous baissant et nous poussons la porte. L'obscurité est complète à l'intérieur de l'édifice. A la lueur de quelques allumettes, les habituelles reliques de ce genre de marabouts nous apparaissent en silhouettes étranges et vacillantes : un étendard en loques, des alcarazas entassés, des amas de lampes éteintes, voire même de vieilles marmites, ex-voto laissés par les croyants en l'honneur du saint musulman.

Cet Abd-el-Kader, disons-le en passant, n'a rien de commun avec le héros algérien de trop célèbre mémoire. Il s'agit d'un certain Abd-el-Kader-el-Djilani, de Bagdad, qui vivait au IVe siècle de l'hégire.

On voit un peu partout des koubbas et des marabouts élevés en son honneur. Un ordre religieux qu'il a fondé a actuellement encore une grande influence en Algérie. Ses *Khouans* sont très fanatiques et des propagateurs zélés de l'islamisme.

Un peu au-dessous du sommet se trouve heureusement une éminence déboisée d'où le panorama est merveilleux.

Du côté du Nord, on découvre à ses pieds la plaine fertile et très cultivée de la Mitidja et plus loin, par-dessus les collines du Sahel, la mer qui se confond avec le ciel dans une vague brume, en des teintes d'opale d'une infinie délicatesse. A l'Est, c'est la chaîne mouvementée de l'Atlas, aux flancs abrupts, aux parois dénudées et comme calcinées par l'éternel soleil d'Afrique. Les cimes de ces montagnes sévères avec leurs panaches de cèdres se détachent vigoureusement sur le ciel bleu, tandis que plus bas, de-ci, de-là, des ravins ombreux, des bois de chênes verts ou d'oliviers sauvages marquent des taches sombres, bleues ou violettes, dans l'étincellement des masses rocheuses.

Dans le lointain, très loin, au-dessus d'une brume, la couronne de neige du Djurdjura domine, majestueuse et superbe, l'enchevêtrement heurté des chaînons de l'Atlas.

A l'Ouest, s'étendent, plus ternes, la région moins accidentée comprise entre Blida et Oran et le massif grisâtre de l'Ouarsenis, tandis qu'à perte de vue vers le Sud s'entrecroisent les montagnes du Tell qui vont mourir au Sahara.....

Ainsi, de cette situation presque unique au monde, on voit ou l'on devine d'un côté Alger, la mer Méditerranée et plus loin, à l'infini... la vieille Europe ; de l'autre, les hauts plateaux et le Sahara, le continent noir ; d'un côté la civilisation, la mère-patrie, tout ce qu'on connaît et ce qu'on aime... de l'autre la barbarie, le désert, l'inconnu... magnifique antithèse qui résume bien la sensation algérienne : le regret de la patrie lointaine et l'attirance des choses non vues.

C'est dans ce site incomparable, à l'ombre d'un cèdre à la ramure vénérable et tutélaire que nous nous installons pour déjeuner. Tandis que les deux mulets qui ont apporté nos provisions broutent une herbe fraîche et tendre, nous attaquons les boîtes de conserves et débouchons joyeusement les bouteilles.

A la fin du repas, en guise de café, un vieux colon nous raconte les aventures de Garagousse, un héros arabe dont les exploits rendraient jaloux le baron de Crac, exploits qui ont, par malheur, un côté ultra-rabelaisien qui m'empêche de les reproduire ici.

Vers une heure, la caravane se remet en route dans une autre direction, à travers une ravissante forêt de cèdres, un vrai parc. Le terrain est doucement ondulé, couvert d'une petite herbe molle comme du gazon ; des arbres bien espacés au travers desquels jouent le soleil et l'haleine d'une brise fraîche et subtile.... çà et là un modeste ruisselet sautille au milieu des rochers.

Mais, on le sait, les plus belles choses lassent quand elles durent trop. Nous finissons par nous apercevoir que les arbres sont trop espacés ; que le soleil, au lieu de jouer entre les arbres, nous brûle ; que la brise subtile l'est à un tel dégré qu'on ne la sent plus du tout...... La chaleur devient torride, et, pour comble de disgrâce, nous nous égarons. Nous voilà contraints de remonter plus d'une heure une côte aride, en plein soleil, pour rentrer dans le bon chemin. Nos guides, qui se laissent guider, nous suivent en grommelant.

Tout à coup, sur une crête, un petit tableau d'une note gaie et imprévue : un mulet gravit une pente très raide, presque au trot, malgré la pesante charge qu'il porte. Cette charge est des plus inattendues : d'un côté, en cacolet, un sous-officier de zouaves dont le pantalon garance et le fez rouge font tache au soleil, et de l'autre, une petite femme blonde, toute de rouge habillée, chapeau rouge, ombrelle rouge. Derrière ce bouquet de coquelicots, un petit Arabe en gandoura blanche trottine en excitant le mulet. Et tout cela brille, étincelle, éclate sur le bleu du ciel.

Nous apprécions d'autant plus ce tableau, qu'il nous montre que le chemin est à deux pas.

En effet, quelques minutes plus tard, nous arrivons à une glacière, où nous préparons dans le bassin d'une claire fontaine une délicieuse absinthe frappée.

Cette glacière n'est autre chose qu'un immense entrepôt de neige. On la fait amasser par les Kabyles, durant l'hiver, dans un ou deux grands puits de dix mètres de profondeur sur douze de diamètre. Ces puits sont recouverts d'un toit de chaume qui préserve le précieux dépôt du soleil et de la pluie. En été, les habitants de Blida se servent de cette neige durcie en guise de glace, pour rafraîchir leur absinthe.

Deux heures de marche encore, et la caravane rentre à Blida, à la débandade, poussiéreuse, exténuée.

En Kabylie

En Kabylie

Le 12 mai, je pars en nombreuse compagnie pour la Kabylie. Nous sommes douze, bande joyeuse, tous plus ou moins alpinistes ; la plupart de mes camarades sont des jeunes gens établis à Alger, qui profitent de la Pentecôte pour respirer l'air des montagnes et oublier le souci des affaires.

Nous prenons le train à six heures du soir pour Tizi-Ouzou, où nous devons coucher.

A Ménerville, une heure d'arrêt. Bien qu'il fasse nuit, une promenade à travers la ville s'impose. A la porte d'un café, un rassemblement attire nos regards :

Balek ! Balek ! crions-nous, et, devant cet ordre qui ne souffre pas de réplique, les indigènes nous font place.

Dans une petite salle pleine d'hommes en burnous, trois ou quatre jeunes garçons arabes exécutent la danse du ventre ou plutôt une variété de danse du ventre qu'il serait assez délicat de vouloir définir. Ils sont habillés très proprement, costume arabe en drap bleu, ceinture rouge et coiffés de la chéchia. Une particularité de leur vêtement, ce sont les manches de la gandoura, qui dépassant les mains de vingt à trente centimètres et retombant en une courbe bizarre, donnent quelque chose d'efféminé à leurs mouvements. D'ailleurs, dans toutes leurs poses, dans tous leurs gestes, ces éphèbes affectent une allure féminine des plus accentuées.

Ils viennent en dansant se frôler aux spectateurs ; leurs yeux ont des agaceries de courtisanes.

Dans le pays, ces danseurs du sexe masculin jouissent d'une réputation des moins honorables. Bien vite édifiés sur leur identité nous ressortons...

Arrivée à Tizi-Ouzou à dix heures du soir. A l'Hôtel de la Poste, nous tombons en pleine représentation théâtrale.

Nous voyons là un spécimen des tournées artistiques en déshabillé, dans toute leur horreur. Dans les corridors, nous croisons des actrices en toilettes, d'autres en jupons, des cabots qui prennent des airs de Mounet-Sully.

Ces dames ont négligé de fermer les portes des chambres qui leur servent de loges... Un désordre invraisemblable y règne. Partout des malles ouvertes dont les châssis couvrent le parquet. Sur le lit, sur les chaises, des robes, des chapeaux, des costumes épars. Une odeur

écœurante de parfums, de pommades rances...
Dans une de ces chambres, une soubrette
ajuste son corset; dans une autre, une ingénue
de cinquante ans se maquille, se poudre, et,
un dernier coup d'œil satisfait jeté devant un
miroir ébréché, descend en toute hâte faire
son entrée.

Et pendant ce temps, la pièce suit son
cours. On entend en bas des applaudissements
frénétiques.

Dans la salle à manger, transformée exceptionnellement en salle de spectacle, se
trouve réuni le tout-Tizi-Ouzou mondain en
grande toilette : les fonctionnaires, en redingote, des marchands de grains, de peaux, les
négociants de la place avec leurs femmes et
leurs filles étalant des modes préhistoriques.
Sur la scène, un malheureux acteur se démène... Que fait-il ? Il a terminé son monologue, et l'actrice qui devait l'interrompre a
raté son entrée. Et lui s'évertue à faire patienter le public. D'abord, il mime quelques attitudes, se donne la réplique à soi-même, se
mouche... et finit par prendre le parti le plus
simple et le moins ridicule. Il s'assied sur une
chaise et attend... Peut-être attend-il encore...

Le lendemain matin, départ à six heures.
Nous avons frété une vieille diligence hors
d'usage, l'unique véhicule disponible de la

localité, et je me hisse sur l'impériale... pour jouir de la vue.

Pendant dix à quinze kilomètres, la route suit le fond d'une large vallée où coule un *oued* important, le Sebaou, puis elle pénètre dans la région montagneuse. Vers dix heures, nous faisons halte à une grande minoterie. Avec une parfaite cordialité, les propriétaires nous offrent un petit « casse-croûte » qui certes est fort bien venu.

De là, une côte assez raide monte en serpentant jusqu'à Fort-National.

Nous avons pris au moulin deux bêtes de renfort, et la patache est maintenant tirée par sept chevaux. Malgré cet attelage respectable, nous avançons lentement. Le pays devient intéressant et accidenté ; à travers les oliviers apparaissent quelques villages kabyles. Par-ci par-là, des ouvriers travaillent aux champs.

Le Kabyle a la réputation de cultiver la terre. Il serait bien plus exact de dire qu'il la fait cultiver par ses femmes et ses filles. En effet, à tout instant, nous voyons dévaler de la montagne des femmes Kabyles, écrasées sous le poids d'énormes charges de bois. D'autres remontent péniblement le village, portant sur la tête une outre de peau de bouc ou bien une jarre pleine d'eau. A un détour de la route, j'aperçois en passant un grand escogriffe au milieu d'un champ qui me fait décidément douter des sentiments chevaleresques de cette race. Il est là tranquille, immobile, une *matraque* à la main, comme un garde-chiourme, tandis que cinq ou six femmes alignées, le dos courbé, sont occupées à récolter des patates et des pommes de terre.

Le sol est, du reste, ici bien mieux cultivé que par les Arabes. Le blé, l'orge, le froment y poussent plus serrés ; il n'y a presque pas de place perdue, pas de terre en jachère. Tandis que l'Arabe dédaigne toute autre culture que le blé et l'orge comme trop pénible, le Kabyle cultive les fèves, les haricots, les melons, les pastèques, le tabac, la vigne, la pomme de terre. Il plante des orangers, des citronniers, greffe les oliviers sauvages. Le Kabyle est un cultivateur intelligent et laborieux, ce qui ne l'empêche pas d'être voleur et mendiant. Ils admettent fort bien ce genre de cumul.

La route passe à peu de distance de plusieurs villages. Notre voiture a vite été signalée et depuis lors, jusqu'à Fort-National, nous sommes escortés par des petits Arbis qui demandent le traditionnel *sordi*. Ils se disputent avec force horions les sous que nous leur jetons. C'est presque toujours le même, un grand efflanqué que nous dénommons aussitôt le grand juif, qui ramasse les pièces destinées aux plus petits de la bande... Nous cherchons en vain à attirer les petits loin du grand juif, mais celui-ci est toujours là avec son nez d'oiseau de proie, ses grands bras, et il rafle le tout.

Des gamins, de la hauteur d'une botte, deminus, des fillettes de cinq à six ans, aux yeux déjà lutins, suivent la voiture pendant des kilomètres, se roulent dans la poussière à la recherche de la pièce et courent en poussant des : *you ! you !* lorsqu'ils en ont accroché une.

Quelques-uns chantent, en français, des refrains patriotiques. Ce sont les élèves des Pères Blancs... On s'étonne d'entendre dans ces bouches kabyles ce refrain : *Sauvez Rome et la France au nom du Sacré-Cœur*... Mais ce patriotisme se résume toujours en une question de gros sous. Une fois le refrain terminé, ils crient plus fort que les autres : « un sou, m'siou ! un sou, m'siou ! » Voilà les bienfaits de l'instruction.

Un loustic de notre bande a trouvé original de faire lever la gandoura à ces patriotes amateurs de sordi; aussi pour un sou, gamins et gamines alignés, les mêmes qui tout à l'heure chantaient : " Sauvez Rome et la France ", lèvent-ils la gandoura au commandement, avec un sans façon qui stupéfierait sûrement un membre de la Ligue contre la licence des rues... Cette plaisanterie d'un goût douteux, qui relèverait de la police correctionnelle en Europe, paraît ici toute naturelle. C'est très couleur locale. Mais n'est-il pas permis de supposer que les résultats obtenus par les Pères Blancs des écoles kabyles sont assez problématiques et offrent encore bien des lacunes?

Loin de moi la pensée de critiquer l'œuvre des Pères Blancs. Il est peu d'entreprises plus nobles, et je souhaite que leurs efforts soient couronnés de succès. Malheureusement, jusqu'ici, les progrès réalisés n'ont pas correspondu à la peine qu'ils se sont donnée.

En traversant le M'zab, M. Hugues Le Roux visita une école de Pères Blancs, et y trouva un petit élève d'une dizaine d'années fort intelligent et animé des meilleures dispositions : il parlait et écrivait couramment le français, et dans ses réponses témoignait autant de cœur que d'esprit.

M. Hugues Le Roux crut devoir féliciter vivement les Pères Blancs. Mais ceux-ci, plus sceptiques, lui répondirent mélancoliquement :

« Vous voyez ce petit-là : à présent, il nous aime ; son esprit est plus ouvert que celui des enfants d'Europe ; mais, dans un an ou deux, son intelligence se nouera, il appartiendra tout entier aux appétits qui commencent de crier en lui, il nous échappera tout à fait. Il faudra beaucoup de temps avant que les semences qu'on jette dans la terre m'zabite germent et s'élèvent jusqu'au fruit. »

Le M'zab est bien loin de la Kabylie, les mœurs m'zabites sont bien différentes des mœurs kabyles ; il y a de profondes divergences de rites dans leur religion (1). Mais ces deux peuples ont une foi commune, l'Islamisme, contre lequel jusqu'ici la croix du Christ s'est brisée impuissante.

Et voyez encore ce que, dans un humoristique récit, *Kif kif Haroun-al-Raschid*, nous dit M. Michel Jicé, au sujet des écoles kabyles :

« S'adressant au naturel, le vieil Européen dit : — Qu'est-ce que tu penses de ça, El Haoussine ? On va fonder des écoles partout en Algérie. Toi et tous tes confrères en Mahomet, vous serez obligés d'y envoyer vos enfants — garçons et filles — jusqu'à l'âge de 14 ans.

« *L'Indigène*. — Hada mamenouche. Si le Beylick fasir, fic toutes lis enfants dis mitres d'icole, qu'ist-ce qui travaljar la tirre, qu'ist-ce qui bourer lis champs ; qu'ist-ce qui fasir la ricolte, qu'ist-ce qui gardi lis chèvres, lis motons, lis vaches ?

---

(1) Le M'zabites sont considérés comme des schismatiques par les autres Arabes. Mais eux-mêmes se regardent comme les vrais détenteurs de la foi musulmane.

« *Le vieil Européen.* — Il faut espérer qu'on fera pour vous tous comme on a fait pour avoir des élèves à l'école des filles de Taddert ou Fellah. On vous donnera 15 à 20 francs par mois et par tête d'enfant.

« *L'Indigène.* — Moi sabir. Hada estar bîte, bîte besef. Ça, c'itit dipensir di l'argent kif kif lis boros (1). Milliore dipensir di l'argent por fire dis rotes, dis ponts, dis fontines. Quand li Beylick donnar toute l'argent pour la strouction, macache potir fasir oune autre quique chouse.

« *Le vieil Européen.* — Est-ce que tu as vu des filles élevées à Taddert ou Fellah, depuis qu'elles sont mariées ?

« *L'Indigène.* — Macache moi mirer oune sole mariée. Cis moukères-là fasirent trop di la fantasia por que lis Kabeïles volirent prendir eusses por fire dis enfants. Bono besef por la rigoulade, barca. Toi connaître ça, hé ? »

Ne serait-il pas préférable de diriger cette somme de forces dépensées vers un but plus directement utile aux Français, je veux dire l'instruction des fils de colons, qui se trouve, dans bien des localités, absolument négligée ?

Et, qui sait ? En instruisant ces petits Kabyles, en développant leur intelligence, ne

---

(1) Les ânes.

donne-t-on pas des armes à nos ennemis de demain ?

L'histoire de la colonisation est pleine de ces « serpents » que la France a réchauffés dans son sein.

Les premiers zouaves indigènes, — dont le nom vient de Zouaoua, une tribu kabyle — et que le général Clauzel avait enrôlés en 1831 et instruits à notre mode de combat, passèrent dans les rangs d'Abd-el-Kader et lui prêtèrent l'utile appui de leur expérience.

Sidi Embareck, nommé agha avec un traitement de 70,000 francs, trahit bientôt son nouveau maître et devint le meilleur lieutenant d'Abd-el-Kader. Il fut tué en 1843 dans les rangs des révoltés.

Les juifs algériens, à qui la France a accordé la naturalisation, sont devenus la plus grande plaie de ce pays.

On pourrait citer maints autres exemples analogues.

A midi, déjeuner à Fort-National.

Fort-National, position stratégique de premier ordre, commande toute la grande Kabylie. Il est construit sur la plus haute arête du vaste massif de montagnes et de collines qui s'étend du Djurdjura à la côte.

Sur le versant nord, c'est-à-dire du côté de la mer, les montagnes vont en diminuant insensiblement d'altitude jusqu'au rivage. Ce sont d'uniformes ondulations, ternes, monotones, tantôt boisées, tantôt dénudées et qui paraissent presque inhabitées. Il y a dans toute cette région d'immenses terres arides ou incultes et quelques florissantes exploitations de chênes-liège.

Si l'on se retourne vers le versant sud, le changement de décor est complet. Devant soi, à vingt ou trente kilomètres, se dresse, majestueuse et écrasante, la chaîne du Djurdjura. Peu de montagnes offrent des contours aussi nobles, des masses aussi imposantes. On peut sans exagération comparer le Djurdjura aux plus belles sommités des Alpes.

La Lella-Kredidja, haute de 2.308 mètres, domine comme une forteresse cette muraille infranchissable. Sa cime abrupte a passé longtemps pour inaccessible. La dentelure de ses arêtes, fouillée comme au ciselet, se plaque crûment sur un ciel bleu intense, tandis que les immenses parois de rochers à pic des couches schisteuses et granitiques superposées vous éblouissent de leurs reflets métalliques. Çà et là, à mi-hauteur, au bas des parois, dorment encore dans des creux ou des replis de terrain de nombreux névés dont quelques-uns défieront même le soleil de juillet et d'août.

Plus bas, la végétation reprend peu à peu

ses droits, les pentes moins abruptes se boisent discrètement. De loin en loin, un village kabyle s'indique par une tache blanchâtre.

Mais entre le Djurdjura et Fort-National s'étend encore un vaste territoire, et ce territoire-là est le plus caractéristique de la Grande-Kabylie. Il ne ressemble à rien d'algérien. Il n'a ni les grandes lignes sahariennes, ni les courbes monotones de l'Atlas ou de l'Aurès, ni la luxuriante végétation du Sahel. C'est un pays à part.

Pour se le représenter, il faut supposer un instant qu'on a à ses pieds, entre le Djurdjura et Fort-National, une mer violemment agitée, telle que la dessinaient naïvement les peintres primitifs, avec des vagues hautes démesurément en forme de cônes plus ou moins arrondis, séparées par des gouffres profonds et resserrés. Cette mer, fixez-la, pétrifiez-la, et au sommet de chacune de ces vagues, mettez comme une épave un village kabyle : voilà le pays....

A distance, ces villages ainsi perchés sur les collines ont l'air de forteresses, de repaires d'anciens tyranneaux du moyen âge. Ils sont, au contraire, ou plutôt ils ont été le dernier refuge de la liberté.

En effet, leurs habitants, les *Zouaoua*, sont la fraction des Kabyles la plus rude, la plus indépendante, la dernière soumise par la France.

Les Kabyles, la race autochtone, vaincus par les Romains puis par les Vandales, enfin par les Arabes et les Turcs, avaient cru trouver dans les montagnes une retraite inaccessible pour sauver leur indépendance. Néanmoins, ils avaient plus ou moins subi le joug des envahisseurs... Seuls les Zaouaoua étaient restés entièrement libres.

La France a réussi et non sans peine à leur aire reconnaître sa domination, mais la lutte a été une des plus dures et des plus longues de toute la conquête. Ce n'est qu'en voyant la configuration du pays et les types sauvages et énergiques de la population qu'on s'explique les difficultés qu'éprouvèrent les expéditions de 1853 à 1857 et celle de 1871.

Prétendre que les Zouaoua n'aient pas subi l'influence arabe pendant la domination des Maures et des Turcs serait une erreur. Mais cette influence n'est nullement le fait d'une conquête. Elle était due à une infiltration toute pacifique. En effet, les Zouaoua et les Kabyles du Djurdjura en général sont industrieux et travailleurs. Pour écouler leurs produits, ils étaient obligés d'être en relations avec les conquérants.

Ils étaient également forcés de s'expatrier

pour suppléer par des travaux manuels à l'aridité du sol. C'étaient les Piémontais ou les Auvergnats de l'Algérie. Lorsqu'ils avaient amassé quelque argent, soit dans le commerce, soit en travaillant à la terre ou comme maçons, ils revenaient dans leur pays pour se marier. La plupart des Kabyles qu'on trouve à Alger sont de cette contrée.

Depuis la construction du Fort-National en 1857, aucune révolte ne saurait plus, semble-t-il, avoir quelque chance de réussite.

Il commande vingt à trente villages kabyles, et quelques boulets bien dirigés suffiraient pour les anéantir.

Lors de l'insurrection de 1871, les indigènes cherchèrent en vain à s'en emparer. La garnison y soutint un siège en règle de deux mois.

D'où viennent les Kabyles ?

N'ayant pas la prétention de faire ici une étude des origines ou des mœurs kabyles, je me contente de donner en quelques lignes certaines indications générales qui m'ont été fournies, chemin faisant, par M. S..., un jeune avocat très distingué du barreau de Bône (1).

Les Kabyles ou Berbères, les plus anciens

---

(1) Les ouvrages à consulter à ce sujet ne manquent pas : *Mœurs et coutumes de l'Algérie*, du général Daumas. — *Une expédition en Kabylie*, E. Carré. — *La Kabylie et les coutumes kabyles*, par MM. Hanoteau et Letourneur, etc., etc.

aborigènes de l'Algérie, ne sont pas une race absolument pure. On y retrouve des traces de nombreuses superpositions. Phéniciens et Celtes, Vandales, Romains et Arabes, ont tour à tour laissé dans les mœurs et dans le type kabyle leur empreinte plus ou moins profonde.

Malheureusement, la meilleure donnée ethnographique nous manque. Les caractères berbères ont disparu et ont été remplacés par l'écriture arabe. Toutefois, de récentes découvertes ont mis au jour quelques vagues vestiges d'inscriptions berbères qui se rapprocheraient, paraît-il, des signes celtiques.

En plusieurs endroits, le type kabyle rappelle bien le vieux guerrier celte, peut-être même le teuton. Yeux bleus, barbe blonde ou rousse, front droit et dur, le crâne carré. Les études faites depuis la conquête par un certain nombre de savants semblent conclure à une origine indo-germanique.

Et, de fait, je crois qu'on retrouverait dans leur langue des traces d'allemand. Il y a dans leur parler des assonnances qui m'ont paru se rapprocher singulièrement des idiomes germaniques.

Les mœurs et le caractère des Kabyles sont complexes comme leur origine. Indépendants et fiers, ils sont soumis comme des esclaves à quelques sectes religieuses et aux marabouts.

Hospitaliers et traîtres, travailleurs et mendiants, belliqueux et craintifs, leur vie semble faite de contrastes.

La *vendetta* y existe comme en Corse. Ils ont des *landesgemeinde* comme dans les cantons primitifs de la Suisse, des combats de coqs comme en Espagne.

C'est dans ce pays sauvage, au milieu de cette population à la fois guerrière et timorée, que le brigand Areski régnait en maître. Il occupait le vaste plateau boisé et accidenté situé entre Fort-National et Bougie. C'est là que se trouvent Mekla, Azazga, la forêt de Yacouren, Tabourourt, autant de localités rendues célèbres par les exploits de ce fameux bandit, dont les habitants ne parlent pas, aujourd'hui encore, sans un mélange de terreur et de vénération.

On raconte dans le pays une foule d'anecdotes sur son compte, et, comme pour les héros d'Homère, la légende a sans doute augmenté le nombre de ses hauts faits. En voici une dont on m'a garanti l'authenticité, et qui donne bien la note de l'audace de cet aventurier :

Un jour, l'officier qui commandait une expédition dirigée contre lui et sa bande vit arriver à sa tente un Kabyle qui s'offrit comme guide et interprète. Il avait l'air intelligent, connaissait parfaitement le pays et se disait ennemi personnel d'Areski.

L'officier le garda en lui promettant un fort gage. Pendant plusieurs semaines, la petite colonne expéditionnaire battit la campagne sous la conduite de cet indigène, sans parvenir à dénicher le brigand.

Un beau jour — le lendemain de la solde — on s'aperçut de la disparition du guide, qui n'était autre qu'Areski en personne.

Après déjeuner nous visitons, à quatre kilomètres de Fort-National, *Aït-Lhassen*, le village le plus important de la tribu des Beni-Yenni. L'arrivée de notre caravane y cause un véritable émoi. Quelques maisons se ferment à la hâte. Dans un premier mouvement de crainte ou de pudeur, les femmes, les fillettes s'enfuient dans l'intérieur, mais bientôt la curiosité reprend le dessus, et par l'entre-bâillement des portes elles risquent un œil pour voir passer les *roumis*.

A coups de *sordi* nous avons bientôt fait la conquête du village.

Nous visitons quelques maisons. Car ce ne sont plus des gourbis recouverts de branchages comme les habitations arabes du Sahel, ce sont des maisons, avec des toits de tuiles, de vraies maisons !

Il est certain que ces demeures nous paraîtraient des plus inconfortables. Quatre murs percés d'une ou deux meurtrières et de deux portes. Une des portes donne sur la rue, l'autre sur une cour intérieure servant d'étable pour les moutons, les chèvres et les poules...

La chambre principale, qui est le plus souvent la seule, est un véritable capharnaüm. On y trouve tout : il y a le foyer où l'on fait la cuisine, le métier à tisser ou des vases, selon que le propriétaire est tisserand ou potier, une petite forge s'il est fabricant de *flissas* (épées)... ou de fausse monnaie. Des meubles rudimentaires, bancs et bahuts ; une sorte de caisse en bois où les hommes se couchent tout habillés simule le lit. — Les femmes et les enfants dorment généralement dans une pièce à part, ou dans une soupente... — Le plancher est des plus économiques : c'est la terre. Des ustensiles de ménage, des instruments aratoires et autres sont appuyés dans des coins ou accrochés çà et là aux murs. Quant aux armes à feu, il y en a sûrement, mais elles sont soigneusement serrées dans des cachettes souterraines.

Nous voyons quelques jeunes filles occupées à tisser. Elles sourient discrètement à nos réflexions qu'elles devinent être des compliments. Quelques-unes sont réellement très belles. Elles ont le teint cuivré, les yeux et les cheveux noir de jais, les dents très blanches, les lèvres rouges. De petits tatouages bleus, en forme de croix ou de trèfle, leur marquent discrètement soit le front soit les joues (1). Leur costume est assez coquet, bleu et rouge, avec force bijouterie de pacotille : des agrafes de métal blanc, des bracelets, des boucles d'oreilles.

Nous passons par des ruelles étroites, enchevêtrées, suivis par une centaine de gamins. Tout cela grouille, crie, court, gesticule. Nous entrons dans la *djemâa* ou mairie. Une simple maisonnette, ouverte de deux côtés par une porte, au-dessus de laquelle court une petite frise ajourée, unique ornement de l'édifice.

A l'intérieur, le long des parois latérales, des bancs de pierre, une pierre polie par plusieurs générations de Kabyles. C'est là

---

(1) *Mœurs de l'Algérie*. Général Daumas. — « Le tatouage de la femme kabyle présente une particularité bien remarquable : il affecte ordinairement la forme d'une *croix*. La place habituelle est entre les deux yeux ou sur une narine. Les Kabyles perpétuent cet usage, sans pouvoir en faire connaître l'origine, qui semble dériver de l'ère chrétienne. »

Ce signe extérieur n'est d'ailleurs pas une des seules preuves de l'influence du christianisme sur les anciens Berbères. C'est bien plus dans leurs mœurs qu'on retrouve des points de contact avec nos idées chrétiennes. Et c'est surtout cette superposition d'influence religieuse qu'il est intéressant d'étudier dans les mœurs kabyles.

« Sous le coup du cimeterre, dit le général Daumas, le Kabyle a accepté le Koran, il ne l'a point embrassé ; il s'est revêtu du dogme ainsi que d'un burnous, mais il a gardé par-dessous sa forme sociale antérieure, et ce n'est pas uniquement dans les tatouages de sa figure qu'il étale devant nous, à son insu, le symbole de la croix. »

Ce sont sans doute ces considérations qui ont guidé les Pères Blancs, lorsqu'ils ont créé leurs écoles kabyles.

que les anciens ou *amins* discutent les intérêts du village ou de la tribu.

Nous poussons jusqu'à la mosquée. Je monte sur le minaret, assez peu élevé. Pour y pénétrer, il faut passer presque à plat ventre par le soupirail qui sert de porte. Un petit escalier en colimaçon conduit en haut. C'est de là que le muezzin appelle, le soir, les croyants à la prière. Dans quelques heures, se tournant vers les quatre coins de l'horizon, il répétera d'une voix grave les paroles du prophète : « A Dieu appartiennent le levant et le couchant ; de quelque côté que vous vous tourniez, vous rencontrerez sa face. Dieu est un !... Élevez vos âmes et adorez !... » Moi, je me contente de jeter des sous aux enfants qui sont sur la place. Ils ont l'air de préférer ma mimique à celle du muezzin. Elle est en tous cas très appréciée : des bras levés dans l'attente, des cris, puis, le sou jeté, une bousculade, une vraie bagarre. Les gamins se tirent par les cheveux, se mordent, se piétinent, roulent dans la poussière. C'est un méli-mélo de gandouras blanches, de chéchias rouges, de bras et de jambes cuivrés.

En redescendant dans la cour de la mosquée, quelques mendiants plus ou moins aveugles exigent des sous pour me laisser sortir.

Grâce à ce « Sésame, ouvre-toi », je regagne le large. Mais les gamins deviennent de plus en plus insistants. Tous nos sous y ont passé. Nous donnons de l'argent à un de nos guides qui, un quart d'heure après, nous rapporte de la monnaie, et la distribution recommence.

Les photographes amateurs de la bande ont grand mal à fixer toutes les scènes amusantes qui s'offrent à eux. C'est l'imprévu, le pittoresque à jet continu.

Enfin nous battons en retraite, et bien loin encore du village des groupes de gamins et la jolie petite Fatma nous suivent dans l'espérance d'accrocher encore quelque aumône. La petite Fatma, une délicieuse fillette d'une dizaine d'années, déjà presque formée, consciente de sa beauté, nous suit de près en nous lançant des œillades agaçantes... Ce mot vulgaire, brutal de *sordi! sordi!* sort comme une musique divinement tentatrice de ses lèvres rieuses, se poétise, s'idéalise. Ce n'est pas une banale pièce de cuivre qu'elle vous demande, c'est un trésor de beauté, un monde de voluptés qu'elle vous laisse entrevoir..... qu'elle vous offre. Son regard est à la fois une prière et une conquête.

A de semblables aumônes la charité n'a rien à voir.

Encore quelques sous, les derniers, aux petits Kabyles en gandouras, et puis adieu les Beni-Yenni! Adieu, la petite Fatma au sourire suggestif!

Mais une fois nos poches vidées, hélas! le charme est rompu. Le regard de la fillette s'éteint, un rictus dédaigneux et moqueur plisse ses lèvres rouges, l'amour qui inondait son visage fait place au mépris du roumi... cette bonne vache à lait que Mahomet a envoyée aux croyants pour les nourrir.

..... Et brusquement Fatma nous tourne le dos.

La chaleur est suffocante. Il est trois heures. Le soleil donne en plein sur ces collines sans ombre, cailloteuses, qui ont des réverbérations aveuglantes.

Heureusement, Fort-National n'est pas loin. Une absinthe rafraîchissante à la terrasse d'un café, de l'ombre et une légère brise alpestre, en voilà assez pour nous remettre. Des groupes d'Arabes se forment autour de nous. Un de mes camarades demande à un indigène — oh! par simple curiosité — s'il y a des gentilles filles à Fort-National. A ces mots, un autre Arabe s'avance fièrement en écartant ses voisins et nous dit : « *C'i moi lé m..... ji ti conduirai!* »

En voilà un, au moins, qui a le courage de son opinion. Doux pays !

De Fort-National à Michelet, la route suit pendant plusieurs heures à mi-côte une longue croupe de montagnes dont elle contourne les sinuosités en méandres sans fin. A main gauche, nous avons des rochers escarpés, à main droite le précipice.

La vue sur le pays des Zouaoua et le Djurdjura étincelant sous les feux du soleil couchant est toujours merveilleuse. Mais hélas ! nous n'en jouissons guère, étant perpétuellement en danger de mort subite...

En effet, la route n'est pas large, les contours sont brusques et à chaque détour la diligence est près de verser. Une fois l'alerte est si vive que nous nous voyons tous dans l'abîme. Les chevaux, attelés à la diable, ruent, s'arrêtent, se cabrent, se mordent, ne formant qu'un tout fort peu homogène dans les mains du cocher qui, malgré ses deux fouets de différentes longueurs, ne parvient pas à les rassembler. De plus, la patache se détraque, se désagrège, une roue vacille, le frein ne fonctionne plus, l'impériale menace de s'effondrer. Nous mettons pied à terre et en avant ! *pedibus cum jambisses !* comme dirait Tartarin, de fabuleuse mémoire.

L'équipage nous suit à vide, et le cocher,

un Arabe bon teint, paraît mortifié de cet affront.

C'est ainsi que nous faisons notre entrée à Michelet, le point extrême de la civilisation dans la Kabylie. Nous trouvons là un petit hôtel avec un bon gîte et le reste.

Le lendemain, tandis que tout le monde dort encore, je me lève à cinq heures et je pars avec un seul ami, pour passer le col de Tirourda et retomber ainsi sur la ligne de Bougie, le reste de mes camarades regagnant Alger par la même route qu'à l'aller.

A la porte, nous trouvons quatre mulets bâtés...? Nous n'en avions retenu que deux, mais les quatre muletiers prétendent que nous les avons engagés. La discussion s'envenime. Ils réclament tous l'honneur de nous conduire au col de Tirourda.

Pour trancher le différend, nous faisons mine de partir à pied. Le stratagème réussit, les Kabyles finissent par se mettre d'accord, et nous partons avec deux mulets et deux Kabyles. L'un de ces muletiers est bavard, a l'air presque jovial; l'autre est modeste et taciturne.

Cependant ils ont tous deux cette physionomie plus vive, plus mobile, plus européenne que les Arabes.

J'ai rarement fait, soit dans les Alpes, soit

dans le Tyrol, d'excursion plus agréable que celle-là, au moins jusqu'au sommet du col, et jamais peut-être je n'ai éprouvé à un degré aussi intense les puissantes sensations qu'évoquent les grandioses scènes alpestres.

Pendant quelque temps, nous marchons à l'ombre, tandis que le soleil illumine déjà les cimes du Djurdjura. La route serpente derrière des mamelons plus ou moins gazonnés et nous montons insensiblement. La vue s'étend toujours plus loin, et dans le fond de la vallée nous découvrons de nouveaux villages, perchés sur de nouvelles crêtes.

L'air est frais, d'une pureté rare. On respire facilement... Aucun bruit. De temps à autre, nous rencontrons un pâtre qui conduit des chèvres, mais ici le bétail n'a pas de clochettes comme dans les Alpes. Quelques petits oiseaux volettent de rochers en rochers, lançant de modestes appels... c'est toute la musique de cette solitude.

Selon les caprices de la route, ma mémoire me suggère des rapprochements avec certains paysages d'Europe. Tantôt c'est la désolation de la Maloja, de l'Albula, les lignes grandioses du Simplon, tantôt je me vois en plein Tyrol avec, devant moi, les formations dolomitiques du Monte-Cristallo, tantôt c'est la majestueuse stérilité des sommets pyrénéens ou bien les arides contrées des Alpes niçoises, et volontiers je me croirais partout ailleurs qu'en Algérie.

C'est seulement en regardant attentivement à mes pieds, en examinant la conformation des vallées, la végétation plus rare et plus grêle, les groupements étranges des villages, que je me rends compte du degré de latitude où nous nous trouvons.

Çà et là sur la route nous rencontrons des plaques de neige durcie. Cela complète l'illusion. Nous forçons nos mulets à y pénétrer, simplement par vanité, pour pouvoir dire que nous avons passé sur la neige. Dame, en Afrique, le 14 mai, ce n'est pas trop banal.

Nous gravissons une sorte de premier col. La route, une superbe voie militaire, se fraie un passage dans des rochers à pic. Deux galeries nous rappellent la civilisation, dont on perd presque la notion dans cette nature sauvage. Puis nous pénétrons tout à coup dans une vallée plus désolée et plus grandiose encore.

Le chemin domine un vaste cirque de montagnes, en forme d'entonnoir, au fond duquel on aperçoit, perdu dans le pâle feuillage des oliviers, un misérable hameau. De quoi peuvent-ils vivre ces habitants, dans cette contrée stérile, au milieu de ces étendues sans herbe, sans pâturages, sans arbres, sans autre ressource que quelques oliviers rabougris ?

Tout autour d'eux, l'horizon est borné par des côtes arides et brûlantes, une terre desséchée, torréfiée, des rochers impassibles, flamboyants comme le fer rouge sous les rayons du soleil, des sommets dénudés mais superbes dans leur hautaine majesté d'Arabes en guenilles.

Pas un arbre, pas un animal, pas même un oiseau de proie, pas un être humain. Partout le silence règne en maître absolu... et, dans cette solitude, la route serpente, oubliée, dépaysée, comme inconsciente de son utilité stratégique.

Du haut du col de Tirourda, la vue est très étendue. Nous voyons à nos pieds la vallée de Bougie et les Portes-de-Fer, où passe la ligne du chemin de fer d'Alger-Constantine, les sommets arides et tristes de la petite Kabylie, et, vers le Sud, la chaîne du Biban dans la direction d'Aumale.

Un coup d'œil en arrière nous fait revoir, mais en partie masquées, les montagnes de la grande Kabylie et en profil les crêtes du Djurdjura que nous avons presque contournées.

Une petite halte avec un frugal repas au bord d'une source claire. Une descente par des pentes raides, des chemins en casse-cou, où nos bêtes dévalent avec une sûreté merveilleuse... Une chaleur intense, terrible, torride... Enfin, nous arrivons à Tazmalt, petite station entre Beni-Mansour et Bougie... où nous trouvons... quoi ?... Une bière délicieusement fraîche et réparatrice.

Une heure plus tard, un sifflet de locomotive retentit et nous filons sur Bougie.

Aventures

ET

Impressions Sahariennes

Peut-être ai-je, dans les récits qui suivent, un peu abusé d'incidents personnels qui n'ont qu'un rapport assez indirect avec une description de l'Algérie ?

Je n'ai pas voulu cependant biffer de mes notes certains détails plus ou moins intimes qui ailleurs n'auraient sans doute présenté aucun intérêt, mais qui, encadrés dans ce paysage ou dans ces milieux africains, prenaient une allure suffisamment amusante ou pittoresque.

Une Fantasia

A Batna, je trouve à l'hôtel une figure de connaissance : une jeune Américaine avec qui j'avais joué au *lawn-tennis* dans les jardins de l'Hôtel Continental d'Alger.

Un vigoureux *shake-hand*, des questions, des réponses, et nous voilà compagnons de voyage.

En cette qualité, le lecteur me permettra de lui présenter en quelques mots miss Nelly D..., elle et son chien, car l'une ne va pas sans l'autre.

Au physique, miss Nelly D... est une grande et forte jeune fille de vingt-quatre à vingt-cinq ans, à l'allure légèrement masculine, à la figure à la fois douce et énergique, aux yeux aisément allumables. Très sensible aux souffrances des autres, elle est intraitable pour elle-même et tiendrait tête à Stanley lui-même en fait de hardiesse et d'intrépidité. De la conversation, de la lecture, un polyglottisme aimable et facile... au demeurant le meilleur garçon du monde.

Quant à Mirza, c'est une petite chienne griffon d'Ecosse à peu près pur sang, au poil long, blanc, avec de vagues teintes café au lait, soyeux et bouclé comme la chevelure d'une fillette. Une petite tête charmante trouée de deux yeux noirs presque humains et d'un petit museau tout noir, presque parlant... Son caractère ? Un enfant gâté.

Miss Nelly D... a quitté l'Amérique avec une dame de compagnie, a traversé l'Europe en tous sens et est venue se fixer à Alger. Mais son caractère était tout l'opposé de celui de sa *governess*, une grasse Poméranienne à lunettes, qui préférait aux voyages ses aises et la vie confortable d'hôtel. Miss Nelly, au contraire, a la passion des déplacements, des promenades à cheval, à pied, en chemin de fer, à bicyclette; bref, c'est un vrai sportsman en jupon.

Toutes ces équipées avaient fini par lasser la dame de compagnie qui, renonçant à la suivre par monts et par vaux, lui avait donné la volée et s'était définitivement installée à l'Hôtel Continental, pendant que son élève faisait l'école buissonnière à travers l'Algérie. Miss Nelly avait été seule à Oran, à Tlemcen, à Boghari. Après un repos de quelques semaines à Alger, elle était repartie pour d'autres contrées et s'était arrêtée un jour à Batna avant de se rendre à Biskra.

Lorsqu'elle sut que mon itinéraire était à peu près le même que le sien, elle me dit :

— Faisons donc route ensemble...

Et comme j'eus un instant d'hésitation, elle ajouta :

— Vous verrez que je ne suis pas gênante en voyage. Je vais partout, comme un garçon.

A la vérité, je fus médiocrement enthousiasmé de cette proposition qui menaçait de me transformer en *governess*. Je me voyais déjà portant les petits paquets ou les bagages, faisant les courses de miss Nelly, attendant des heures entières qu'elle fût habillée, remontant chercher ses gants, son ombrelle ; ou bien, le soir, redescendant pour mener p...romener le chien.

Toute cette domesticité insipide qu'on décore du beau nom de galanterie française, je l'entrevis en un clin d'œil, et je cherchais quelque excuse, quelque échappatoire pour rester libre de mes actions.

— Mademoiselle, je serais enchanté, mais ne craignez-vous pas qu'on n'interprète mal...?

— ... Ah bah ! je suis Américaine, nous sommes au centre de l'Afrique... ne sommes-nous pas nos maîtres ?

L'argument était péremptoire ; j'aurais eu mauvaise grâce à me faire prier plus longtemps.

—C'est entendu, mademoiselle, et si vous le voulez bien, nous allons inaugurer notre voyage par une petite promenade de reconnaissance aux environs de Batna.

Nous traversons donc les rues désertes et droites de cette petite cité, et passant les portes de l'enceinte, nous arrivons en pleine campagne.

Là, une surprise nous était réservée. A un kilomètre de Batna se trouve le village nègre, et devant ce village, sur une vaste plaine, des groupes d'indigènes, et des cavaliers lancés à toute bride... une fantasia.

Je constate bientôt, non sans une vive satisfaction, que cette fantasia du village nègre est bien une fantasia arabe, faite pour les Arabes. Il n'y a ni palissades, ni guichet, ni tourniquet, ni tribunes avec premières, secondes et troisièmes. Il n'y a ni directeur en habit, ni impresario, ni barnum.

L'entrée est libre. C'est la fantasia absolument nature, prise sur le vif, sans enjolivement importé.

Parlons d'abord du décor de cette scène qui m'a laissé — justement à cause de cette spontanéité — une des sensations les plus fortes, les plus "couleur locale" que j'aie rapportées d'Algérie.

Une grande plaine couverte d'une herbe courte et d'un vert tirant sur le jaune. Un vrai champ de manœuvres. A l'une des extrémités, une mosquée d'un jaune bistré, avec un haut minaret.

Dans le fond, à l'endroit où serait la tribune présidentielle dans une course de Longchamps, une cinquantaine de maisonnettes grises, basses, malpropres, construites en briques de boue, et séparées par deux ou trois rues larges et droites : c'est le village nègre. Tous les habitants ont quitté leurs masures et sont venus se masser à l'entrée du village, sans ordre, à quelques pas de la piste où évoluent les cavaliers. Malgré la hideur de leurs loques, on devine qu'ils sont en tenue de gala. Indigènes sordides ou Arabes de haute marque venus de Batna et des environs, Kabyles, nègres, spahis, enfants demi-nus, femmes voilées ou non, tout est là pêle-mêle, dans les groupements pittoresques des foules orientales.

Quelques Mauresques, avec leurs visages peints en rose, leurs sourcils épaissis et réunis par le kohl, leurs bracelets aux poignets et aux chevilles laissent clairement deviner leur profession. Enveloppées dans des robes rouges, vertes, bleues, moitié soie, moitié laine, elles font assez l'effet de perroquets.

En fait de chrétiens, au milieu de cette populace bizarre, il n'y a que miss Nelly et moi et trois ignobles gourgandines en guenilles, anciennes filles à soldats, à la face alcoolique, l'une borgne, l'autre boiteuse, la troisième enceinte, qui, hors d'usage pour l'armée, sont échouées là et font les délices des nègres et des Arabes. Tristes épaves de la prostitution, comme on n'en trouve peut-être qu'aux États-Unis, dans les villes de mineurs.

Voilà pour le public. Quant aux acteurs, ce sont des Arabes, au nombre de quarante à cinquante, en grand costume, le fusil en bandoulière, montés sur de solides et vaillantes bêtes. Ils ne courent pas ensemble, mais successivement. Chacun cherche à l'emporter sur les autres, moins peut-être par la vitesse de son coursier que par une certaine noblesse d'attitude et par l'habileté à manier le fusil.

Avant de courir, l'Arabe parade devant le village, au milieu des groupes, et se fait admirer. Les anciens lui donnent des conseils, les amis des encouragements. Puis il s'éloigne lentement, avec l'allure fière et légèrement cabotine d'un caïd influent. Arrivé à un demi-kilomètre, il fait volte-face et lance sa bête au galop. En passant devant le village, elle est en pleine carrière.

C'est à peine si le cavalier tient encore les rênes de son cheval dont il laboure les flancs jusqu'au sang, de la pointe de ses étriers. Il saisit sa carabine, et toujours courant, tire un ou deux coups de feu dans l'espace et brandit son arme d'un air de triomphe.

Au moment où il passe ainsi ventre à terre tout près des spectateurs, on sent dans la foule comme une commotion électrique. Cette brusque vision, ce bruit sourd des sabots qui heurtent le sol, ce déplacement d'air vous donnent un tressautement de tout le corps. Il vous semble qu'un instant votre cœur a cessé de battre, vos poumons de fonctionner.

Mais déjà le cavalier est à l'extrémité de la plaine, et il a de la peine à ralentir cette allure de train rapide. Il frôle les arbres, évite quelques spectateurs isolés et parvient enfin à arrêter sa bête à quelques pas de la mosquée.

Ils sont vraiment superbes, ces Arabes, avec leurs grands burnous blanc de neige gonflés par le vent, leurs ceintures de soie, leurs casaques bleues ou rouges, leurs larges pantalons. Ils paraissent rivés à leurs grandes selles en cuir rouge, très hautes, et à leurs lourds étriers d'argent ou de bronze dont les extrémités tranchantes leur servent d'éperons. Ils sont là, tel un pilote pendant la tempête, solides, impavides, sur leur navire vivant qui souffle la fumée par les naseaux, tandis que sur sa croupe, une couverture de soie très ample, aux larges raies multicolores se soulève, se tend comme une voile ou flotte et claque comme un pavillon sous les coups de la rafale.

Tout cela, entrevu dans l'espace d'une seconde, avec un bruit d'orage, un fracas de trombe qui passe, produit un tourbillon de couleurs intenses extraordinaire, et en même temps la vision très nette de l'ensemble, comme la déchirure de l'éclair dans le ciel noir.

Ils défilent ainsi successivement, à quelques minutes d'intervalle. Quelques-uns moins bien entraînés, ou dont le fusil rate, sont accueillis à leur passage par des rires ou des sarcasmes.

Un instant, la fête est interrompue par un accident qui donne à ce spectacle décoratif la note pathétique.

Dans l'élan impétueux d'une course échevelée, un des cavaliers, impuissant à diriger ou à retenir sa bête lancée au triple galop, vient se jeter sur un pauvre diable de spectateur indigène qui cherchait à traverser la piste. La tête du cheval heurte le malheureux en pleine poitrine. En un clin d'œil, spectateur, cheval et cavalier roulent cul par-dessus tête dans la poussière.

Toute la population accourt, entoure les blessés. Nous nous attendons à voir relever au moins deux cadavres. On commence par remettre sur ses pattes le cheval, qui, heureusement, n'a pas de mal. C'est l'essentiel. Un cheval, en effet, a un prix connu. Un bon barbe vaut de quatre à cinq cents francs. Tandis qu'un indigène... ça n'a qu'une valeur toute relative, non cotée... qui n'a pas cours sur le marché de Batna. Peu après, le cavalier, vaguement meurtri, remonte sur sa bête. Quant au piéton, il s'en tire avec des contusions pas trop graves.

Décidément ils ont la vie dure, ces Arbis Un pareil choc aurait sûrement coûté la vie à deux Européens.

Quelques courses encore, cette fois dix à quinze cavaliers de front, et la fantasia est terminée. Nous laissons les indigènes discuter les mérites des différents concurrents, et nous allons visiter le village nègre.

Les rues sont désertes. Seuls quelques marmots ayant pour tout costume une gandoura rouge, ou jaune, ou verte, déambulent gravement, la main dans la main ou se vautrent dans la boue.

Tout à coup une musique bizarre, mêlée de cris sauvages, vient frapper nos oreilles. Nous finissons par découvrir dans un coin du village les auteurs de cette horrible cacophonie. Ce sont quatre vieux nègres qui dansent au fond d'une cour, en s'accompagnant de leurs instruments favoris : castagnettes, flûte et tam-tam. Nous leur lançons des sordi. Devant cette largesse inattendue leurs figures s'épanouissent, leurs bouches s'écarquillent démesurément, laissant voir de grandes dents jaunes comme une mâchoire de vieux cheval. Ils nous remercient en redoublant de zèle et de vacarme. Nous nous enfuyons les tympans cassés.

Batna-Biskra

Depuis quelques années, le chemin de fer a été prolongé de Batna à Biskra, c'est-à-dire aux portes du désert. Bien qu'il n'y ait qu'un train par jour sur la ligne de Constantine à Biskra, on n'a pas à craindre d'encombrement en cette saison. Miss Nelly et moi nous sommes les seuls voyageurs, je ne dis pas du compartiment, ni du wagon, mais bien de tout le train. Malgré cela, on nous oblige à mettre au fourgon Mirza, la gentille chienne de ma compagne ! Un farouche employé à casquette a aperçu son petit museau pointant du panier minuscule qui lui sert de maison, et, fort du règlement de la Compagnie, il exige sa relégation derrière les épais barreaux de la niche.

Pauvre Mirza ! pensais-je... que cette prison doit te paraître odieuse, sinistre... te voilà jusqu'à Biskra privée des caresses presque maternelles de ton aimante maîtresse, exposée aux brutalités de mains mercenaires, ignorantes de ta délicate complexion ou aux privautés, combien vulgaires ! de chiens kabyles au poil rude.

Cependant, cette pitié première se changea

peu à peu au cours du voyage en une sorte de rage sourde contre cette bestiole encombrante, rage rentrée, dissimulée sous un sourire forcé qui la rendait plus terrible encore.

Miss Nelly avait dit vrai en déclarant qu'elle n'était pas gênante en voyage, j'ai pu m'en assurer dans la suite, mais elle n'avait parlé que pour elle-même. Elle n'aurait pu en dire autant de sa petite chienne.

Quelle faiseuse d'embarras, cette Mirza ! Ne mangeant qu'à ses heures, ne buvant que dans un verre, incapable de courir derrière une voiture. Oh ! que j'aurais voulu parfois l'envoyer rejoindre Mahomet et tous les marabouts du paradis musulman !

Ce fut jusqu'à Biskra une véritable corvée. Il fallait lui apporter de l'eau aux gares, aller prendre de ses nouvelles, tenter démarches sur démarches pour obtenir sa libération.

Et déjà, *in petto*, je complotais de la perdre dans le désert pour faire les délices de quelque chacal.

A partir de Batna, la voie pénètre dans une contrée de plus en plus aride. La végétation diminue, les terrains cultivés s'espacent, et c'est à peine si, de loin en loin, une place d'un brun grisâtre indique que les Arabes ont ensemencé et moissonné une maigre récolte d'orge ou de blé.

Çà et là, nous voyons quelques groupes d'indigènes occupés à battre le blé. Leur batteuse est très primitive : ils étendent les gerbes sur le sol et les font piétiner par des chevaux.

Tantôt le train passe par des gorges ou des ravins déserts, tantôt il traverse de longues plaines jonchées de blocs de pierre ; tantôt il côtoie un *oued* aux trois quarts desséché, bordé de lauriers-roses en fleurs.

Le mois de juin est l'époque de la grande migration vers le Nord. Les nomades du Sahara, venant de Tougourt, d'Ouargla, de tout le bassin de l'Oued-R'ir et du grand Sud se dirigent vers la province de Constantine. Sur la route, leurs bêtes trouvent une nourriture relativement abondante. A Constantine ils vendent de l'ivoire, des peaux de fauves, de gazelles, des plumes d'autruches, des parfums, des dattes, et achètent des céréales, des armes, de la poudre de contrebande et différentes denrées qu'ils remportent au désert. La ligne du chemin de fer suit cette grande voie de migration, une des plus importantes de l'Algérie. De temps à autre, le train croise une de ces caravanes qui serpentent dans la vallée selon le caprice des ondulations du terrain. Des tribus entières font le voyage. Les premiers chameaux, affublés d'*aâtouches*, immenses palanquins aux tentures multicolores, portent les Arabes, leurs femmes et leur marmaille. Les suivants sont chargés de sacs et de colis. Les derniers, ceux qui ne portent que leurs bosses, en compagnie des chamelles et de leurs petits, trottinent à la débandade, un peu comme des chèvres.

De distance en distance, sur un mamelon, ou sur le bord d'un *oued*, ou auprès d'une citerne se profile la silhouette pittoresque d'un campement de nomades : la grande tente noire ou brune, la famille qui grouille autour, des femmes qui portent de l'eau dans des amphores, le feu qui pétille sous un léger panache de fumée bleue, quelques chèvres et quelques moutons, les chevaux et les chameaux entravés, tout cela coupe la monotonie du pays, l'anime, le rend riant malgré l'affreuse aridité du sol.

Des chameaux, réunis en vagues troupeaux, errent çà et là, cherchant dans les anfractuosités des rocs les modestes touffes d'herbes rabougries qui suffisent à leur sobriété légendaire.

A un détour de la ligne, quelques-uns de ces animaux égarés sur la voie sont surpris par le train et s'enfuient en désordre. La locomotive ralentit, mais pas assez vite et deux d'entre eux sont précipités par le chasse-pierres à bas d'un remblai. Et, des fenêtres du wagon, nous apercevons au fond du ravin de grandes jambes qui se débattent dans le vide.

Le train s'arrête à différentes stations, El-Biar, Aïn-Touta, les Tamarins, stations qui n'ont guère d'intérêt que pour Mirza à qui nous rendons visite.

Aux Tamarins, grand événement. Il monte un passager, un Arabe, lequel choisit naturellement notre compartiment. C'est un honnête vieillard, sûrement de "grande tente" puisqu'il prend des premières, ce qui ne l'empêche pas d'être répugnant. Il toussote, se mouche, se gratte et crache tout le temps par terre. Il s'étend confortablement sur la banquette, allonge ses jarrets nus et ses savates d'une propreté relative presque contre nous et continue à cracher... tout en somnolant.

Certes nous eussions préféré être enfermés avec une meute de chiens, plutôt qu'avec ce dégoûtant personnage. Mais nous n'osons rien dire, car sans doute le règlement de la Compagnie nous donnerait tort.

Heureusement notre Arabe nous quitte à El-Kantara.

El-Kantara! dix minutes d'arrêt, buffet.

El-Kantara! avec ses gorges sauvages, ses jardins fleuris, ses lauriers-roses, ses palmiers et ses quelques maisonnettes européennes.

El-Kantara, lieu préféré des artistes, mais déjà trop connu pour les chercheurs d'impressions hors de portée du banal touriste. A ces Juifs errants de l'art et de la littérature, il faut de l'éternel nouveau. Le *non vu* s'impose à leur cerveau inquisiteur. Il est convenu pour eux que l'Algérie est banale, factice, épuisée. C'est à peine s'il reste quelques coins de terre à l'abri des vulgaires tripatouilleurs de couleurs et des cambrioleurs de littérature. Après Alger, ils ont trouvé El-Kantara, après El-Kantara Laghouat, puis Bou-Saada, dernier refuge du pittoresque... Une fois Bou-Saada envahi par le tramway à vapeur, il ne leur restera plus qu'à plier bagages et à partir pour Tombouctou.

Ces artistes, ne se donnent-ils pas bien du mal sans raison? Il n'est heureusement pas encore nécessaire, selon moi, de s'enfuir dans des villages absolument perdus, loin de tout confort et de toute civilisation, pour trouver la vraie vibration algérienne.

C'est un peu la même erreur qu'ont commise quelques écrivains des plus éminents qui ont jugé l'Oberland ou l'Engadine insipide, ridicule, parce qu'il y avait des Anglais sans-gêne et des Allemands grotesques aux tables d'hôte.

En voyage, il faut savoir faire deux parts

de ce qu'on voit, — les choses qu'on regarde, et celles qu'on ne regarde pas. — Ne pas perdre son temps aux choses nulles ou ennuyeuses, extériorisées, hors cadre, supprimer tout ce qui n'est pas essentiel à la nature du pays. Dans les Alpes, oubliez les chemins de fer, les touristes, les mendiants, les tables d'hôte, et il vous restera toujours assez de place pour voir la nature vraie.

En Algérie, supprimez les Européens si vous voulez, et encore pas tous : les employés de chemin de fer, les phtisiques et les fonctionnaires, soit ; mais respectez les colons et étudiez-les. Ils font déjà partie intégrante du sol. Colons et Arabes : le feu et l'eau forcés de vivre en bonne harmonie ! Cette juxtaposition de races est loin d'être banale ou antiartistique.

Elle serait même, au point de vue algérien, le sujet le plus intéressant pour un observateur. Quant au pittoresque, il est partout, du Nord au Sud, de l'Est à l'Ouest. Il est dans l'ensemble et dans les détails, dans les infiniment grands et les infiniment petits. Il est dans les grandes lignes sahariennes, lorsque, aux dernières lueurs du soleil couchant, les nomades se prosternent pour la prière. Il est dans le gourbi nauséabond, où la famille accroupie mange le couscous. Il est dans l'élancement prestigieux du Djurdjura, comme il est dans l'intérieur d'un omnibus de la banlieue d'Alger, lorsque à côté de vous un Arabe prend entre le pouce et l'index un pou égaré dans les plis de son burnous et le pose délicatement sous la banquette...

Sans aller même plus loin qu'Alger, la Kasba est assez riche pour inspirer encore plusieurs générations d'artistes.

« L'Orient, disait Fromentin, est très particulier. Il a ce grand tort pour nous d'être inconnu et nouveau et d'éveiller d'abord un sentiment étranger à l'art, le plus dangereux de tous et que je voudrais proscrire : celui de la curiosité. Il est exceptionnel, et l'histoire atteste que rien de beau ni de durable n'a été fait avec des exceptions. Il échappe aux lois générales, les seules qui soient bonnes à suivre. Enfin il s'adresse aux yeux, peu à l'esprit, et je ne le crois pas capable d'émouvoir. »

Les artistes qui s'en vont ainsi dans des contrées absolument vierges, inconnues, me paraissent un peu trop sacrifier à ce sentiment de curiosité qui ne se satisfait qu'aux dépens de l'art pur.

En peinture, comme en littérature, cet attrait de l'inconnu ne saurait l'emporter sur tant d'autres jouissances que nous procure la description de lieux chers ou simplement connus, ou bien l'interprétation sincère de choses déjà vues, de sensations déjà éprouvées.

Cela est si vrai que le livre de Fromentin lui-même m'avait laissé presque indifférent avant mon voyage en Algérie. A mon retour, au contraire, je l'ai lu d'une haleine, retrouvant tant d'exquises heures passées aux mêmes endroits, revoyant tant de tableaux si nets, si précis, si colorés, revivant avec lui une vie de délicieuse et sereine contemplation.

Les artistes, vraiment soucieux de l'art, préféreront, semble-t-il, aux bizarreries des pays neufs, aux couleurs invraisemblables et extravagantes de certaines régions tropicales, aux costumes bariolés de certaines peuplades orientales un art moins tapageur, plus « contrôlable », plus de tous les temps et de toutes les latitudes et par cela même plus humain.

Déjà l'Algérie — tout au moins une grande partie de l'Algérie — est passée au rang des pays connus de tous. Rien ne saurait plus nous surprendre au point de vue des costumes ou des couleurs. La curiosité n'est plus éveillée — comme au temps de Fromentin — par des scènes qui paraissaient alors étranges, fantastiques. Tout le monde a vu des moutons rôtis, des diffas, des fantasias, des fêtes nègres, des Aïssaouas.

L'intérêt de l'Algérie est maintenant déplacé

L'extraordinaire ne suffit plus. C'est le détail, le côté intime, la vie banale, terre à terre, la vie de tous les jours qui nous intéresse et dont le public veut pouvoir tirer un enseignement ou une moralité.

A deux pas d'El-Kantara, de l'autre côté des gorges, le paysage change : c'est le désert ou tout au moins un avant-goût du grand désert.

Et d'abord, au premier plan, s'étend une oasis de palmiers, avec des villages arabes capricieusement échelonnés, des pans de murs croulants, formant des créneaux naturels, de vrais châteaux branlants, ayant de loin l'aspect de forteresses en ruines ou d'un village après un tremblement de terre. Et pourtant toutes ces ruines sont habitées par une population de plus de deux mille âmes. Les hommes y cultivent les palmiers ou, plus exactement, les regardent pousser. Les femmes tissent de la laine et vaquent aux soins du ménage.

Dans l'*oued* qui coule en contournant l'oasis et dont l'eau boueuse sert à irriguer les jardins et les champs, des enfants se baignent, des femmes lavent du linge.

Puis, au delà de ce coin de terre vivant et animé, c'est le désert, la plaine de sable et de rocailles sans fin. Mais non, à l'horizon, on distingue vaguement une nouvelle chaîne de montagnes. C'est derrière cette chaîne que se trouvent Biskra et le vrai désert.

Le train s'élance, orgueilleux et insolent, dans cette plaine immense. La locomotive siffle en manière de défi. Et, en effet, le train est là dans son élément. Aucun obstacle ne l'arrête, aucune courbe ne l'oblige à ralentir sa marche.

Bientôt, sur la gauche, apparaissent des groupes de montagnes bizarres. De longues chaînes se dessinent, dont les crêtes, en lignes droites horizontales, ont l'air d'avoir été tronquées, coupées au couteau. Et quelles teintes fulgurantes! Du rouge orangé, de la laque garance, du carmin... c'est extraordinaire, invraisemblable, et çà et là d'énormes amas de blocs carrés, gigantesques, rouges comme l'intérieur d'une grenade. Tout cela flamboie au soleil couchant, tandis que la plaine s'éteint en des teintes très calmes, violettes et grises.

Non loin de la voie, un sanglier s'abreuve au bord d'un oued et ne paraît nullement effrayé par le passage du train.

La Ferme-Dufourg, dernière station. La ligne monte un peu, le train traverse la chaîne de montagnes et enfin un coup de sifflet victorieux signale Biskra et le désert.

Biskra, tout le monde descend! Ouf!

Une Journée d'Oisifs

Le matin, visite à la propriété Landon, superbe jardin-oasis, entretenu avec un soin minutieux ; des allées bien sablées, des variétés d'arbres et de fleurs à l'infini, des petits ruisseaux coulant sous des feuilles toujours vertes... De la terrasse, la vue embrasse le désert immense d'où émergent, comme des îlots, une ou deux oasis et le Koubba d'Aboul' Fadel.

En nous promenant dans la ville, au hasard de la flânerie, nous remarquons des soldats vêtus de toile blanche, occupés à labourer un jardin. Ailleurs, d'autres arrosent des fleurs, creusent de petits canaux ou arrachent des choux qui poussent entre des palmiers. Dans une cour, un ordonnance, assis par terre, à l'ombre d'un figuier, balance un alcarazas suspendu à une branche, produisant ainsi un courant d'air factice par lequel l'eau de son officier se rafraîchira.

Ces petites occupations toutes pacifiques font plaisir à constater. Cela repose de surprendre le pioupiou autrement que sac au dos, dans l'abrutissement des marches forcées ou du maniement d'armes.

Ce serait l'armée idéale, l'armée du travail productif. Et je rappelle à miss Nelly *Look-Bakward*, le livre de son compatriote Bellamy qui a imaginé là une solution de la question sociale.

Peut-être ne serait-ce pas la plus mauvaise? Mais la chaleur ne porte pas aux longues dissertations philosophiques, et nous renonçons à résoudre le problème.

Il est, du reste, l'heure de rentrer à l'hôtel pour déjeuner.

Nous sommes les seuls étrangers. Il n'y a dans la salle que quelques fonctionnaires, les officiers mangeant au mess.

L'hiver, au contraire, depuis la prolongation du chemin de fer Batna-Biskra, la ville et les hôtels regorgent de monde. Il y a trois ans encore, on y logeait les « hiverneurs » comme on pouvait. Les trois hôtels une fois remplis, on couchait les gens sous des tentes, sur des tables, sur des billards, ce qui n'était peut-être pas très hygiénique pour les poitrinaires. Aussi s'est-on empressé de construire un nouvel établissement de proportions gigantesques, avec casino, petits chevaux et... vue sur le Sahara. On n'est pas plus fin de siècle.

Après midi, nous traversons, nu-pieds —

les ponts étant au Sahara un objet de luxe inconnu — l'*oued Biskra,* pour aller explorer une oasis, que nous apercevons sur l'autre rive.

Cette oasis qui, d'ailleurs, se différencie peu de celles que nous vîmes dans la suite, est divisée en une foule de jardinets séparés par de petits murs en pisé et arrosés par des milliers de canaux qui courent de l'un à l'autre. Dans les jardins on ne cultive guère que des palmiers et quelques figuiers et oliviers. La base de chaque arbre est entourée d'une vasque où l'on peut à volonté amener l'eau en ouvrant une écluse.

La plupart de ces oasis sont entourées d'une assez haute muraille de boue séchée au soleil. Chacune d'elles renferme un ou deux villages dont les maisons sont construites avec la même matière grisâtre, et qui, placés en général à la lisière, se ressemblent tous, au moins par un aspect misérable de ruines abandonnées.

La richesse des habitants se calcule d'après le nombre des palmiers qu'ils possèdent. Le fisc touche annuellement de 25 à 50 centimes par palmier adulte.

Biskra se trouve à la clef de l'Oued-R'ir dont le vaste bassin, se prolongeant jusqu'à Tougourt et Temacin, a pris depuis l'occupation française une importance considérable, importance qui augmente chaque année, grâce au forage des nouveaux puits artésiens.

Le bassin de l'Oued-R'ir, avec ses 43 oasis, compte environ 350.000 palmiers en plein rapport et 150.000 de 1 à 7 ans. C'est donc un assez joli revenu pour la colonie.

Un grand nombre de ces oasis sont de création récente. Elles sont dues en particulier à deux florissantes Sociétés, celle de l'*Oued-R'ir* et celle de *Batna et du Sud-Algerien*.

La statistique de l'Algérie donne pour les forages artésiens de la province de Constantine près de 800 sondages, d'une profondeur moyenne de 37 mètres. Le débit total de l'eau dépasse 340.000 litres à la minute, et la profondeur totale de ces puits est de plus de 30.000 mètres !

A sept heures, nous sommes de retour à l'hôtel. Le repas du soir ne manque pas d'un certain pittoresque. Les tables sont dressées dans le vestibule. Grâce au courant d'air, c'est l'endroit le plus frais de la maison. Mais comme toutes les places sont accaparées par les fonctionnaires qui prennent pension à l'hôtel, on nous sert dans le jardin, à une petite table. Deux bougies constituent avec les étoiles du ciel le seul éclairage de notre « salle à manger ». Le service est fait très correctement par de graves Arabes en costume. Près de nous, quelques gazelles, parquées dans un petit bosquet, dorment, rêvant sans doute aux courses folles dans les sables infinis!

Après le dîner, pèlerinage obligatoire à la rue célèbre des *Oulad-Nayl*. Nous visitons quelques cafés maures avec force musique tintamarresque et danses du ventre. Rien de neuf. Au seuil des portes, de problématiques almées nous invitent à monter boire le *caoua* et à admirer leurs talents chorégraphiques. Mais tout cela rappelle trop la Rue du Caire pour mériter une description.

Sidi-Okba

Vingt kilomètres en plein désert et nous touchons au port... je veux dire à Sidi-Okba. Notre voiture — tel un navire s'engageant dans un chenal — pénètre dans l'enceinte de l'oasis. La route se rétrécit, de hautes murailles de boue la bordent à droite et à gauche, avec, de temps à autre, un carrefour formé par les sentiers qui sillonnent la forêt, ou bien un petit lac, une mare boueuse dans lesquels barbotent des enfants, des fillettes, des hommes, pêle-mêle.

Enfin le chemin se transforme en une ruelle sinueuse où la voiture a peine à passer.

Au cœur de la ville, devant la mosquée, nous mettons pied à terre. Un indigène qui, depuis un quart d'heure, courait derrière notre voiture, nous offre de nous servir de guide.

Sidi-Okba est un centre arabe encore vierge de civilisation européenne. Aucun mélange discordant, aucune fausse note. Mais aussi quel peu enviable séjour ! Des rues étroites, des maisons en terre à un ou deux étages, presque sans fenêtres. C'est à peine si çà et là une boutique de barbier, un café maure, une échoppe de marchand de fruits ou de tapis, mettent quelques couleurs vives sur les façades grises et uniformes. Dans une de ces boutiques nous voyons opérer un médecin — ou un barbier ? — qui pratique une ponction avec un petit appareil en forme d'entonnoir, sorte de ventouse bizarre collée sur le crâne du patient. De temps à autre le savant docteur aspire pour activer la ponction. Tout cela se fait en public, sur le seuil d'une chambre minuscule, devant un cercle d'Arabes, graves et immobiles. Le malade est, paraît-il, sujet à des insolations.

Des rues tortueuses, en labyrinthe, nous amènent au marché aux bestiaux. La place est déserte, mais d'une saleté repoussante. Dans un coin, un maréchal-ferrant met un fer à un misérable mulet étique, couvert de plaies. Nous regagnons le centre de la cité par des rues presque abandonnées, longs couloirs entre de hauts murs grisâtres, troués de loin en loin par une fenêtre grande comme le terrier d'un renard, ou par une porte basse. Parfois toute une famille apparaît sur le seuil de la porte. Ils sont là une douzaine, des borgnes, des aveugles, des jolies filles, des marmots pustuleux, des vieilles femmes ridées, des enfants nus, qui nous regardent passer sournoisement, du moins ceux qui ont encore des yeux pour voir.

Spectacle réellement affligeant que tous ces pauvres diables aux yeux pleurards et purulents!... C'est sans doute à la réverbération du soleil, à la poussière des sirocos ainsi qu'au manque de propreté qu'il faut attribuer ces ophtalmies, qui sont très fréquentes dans beaucoup de localités du désert.

Le guide nous propose de visiter une maison arabe. C'est la sienne propre — bien que très sale...

Une sorte de bouge carré, mal éclairé par une ou deux meurtrières, un sol vaguement aplani, sur lequel quelques hardes sont jetées çà et là en guise de tapis. Une marmaille infecte, des fillettes en haillons, une vieille femme aveugle. L'Arabe nous les présente : sa mère, ses sœurs, ses enfants. Par un petit escalier à poules on grimpe au premier, sur une sorte de balcon intérieur, en bois, entouré de planches disjointes et de tentures en loques. C'est le gynécée.

Peut-être bien qu'avec une petite gratification nous aurions pu monter jusqu'à ce sanctuaire, mais le courage nous manque et nous sortons à la hâte, écœurés par ce spectacle navrant et par l'atmosphère nauséeuse qui régnait dans ce réduit.

Nous pénétrons ensuite dans la mosquée du très vénéré Sidi-Okba.

La petite Mirza à laquelle nous ne pensons pas, et qui est loin de se douter du sacrilège qu'elle va commettre nous suit en trottinant, la queue en trompette. Mais à peine a-t-elle franchi les marches du saint lieu que des fidèles effarés se précipitent au-devant d'elle et la chassent ignominieusement en agitant leurs bâtons ou les pans de leurs burnous.

Miss Nelly prend crânement son chien dans ses bras, et les Arabes, qui paraissent accommodants, la laissent entrer. Ils nous autorisent même à garder nos chaussures. Décidément ces Arabes sont " dans le train ".

Il nous faut traverser une cour assez vaste où des croyants sont accroupis dans tous les coins, en des attitudes de prière ou de suprême hébétement, pour parvenir à l'intérieur de la mosquée proprement dite, le plus ancien monument islamique de l'Algérie.

Sidi Okba ben Nafi, qui y repose, n'est point un petit marabout négligeable comme il en pullule en Algérie : c'est un très glorieux émir qui vécut vers l'an 670, soit en l'an 50 de l'hégire (époque à laquelle il fonda Kairouan, la ville sainte de la Tunisie), et l'un des guerriers qui contribua le plus à la conquête de l'Afrique. Il soutint à plusieurs reprises des guerres sanglantes contre les Berbères, qu'il finit par soumettre à peu près complètement et à convertir à l'islamisme. Cependant au moment où il croyait le pays pacifié, il fut pris à l'improviste par les Berbères et périt dans le combat.

La mosquée qui a été construite sur son tombeau même date de cette époque et est devenue pour les musulmans un lieu de pèlerinage très en vogue.

Sur notre passage, nos guides — car nous en avons maintenant toute une cohorte — enlèvent les nattes qui recouvrent les dalles. Ils nous font admirer le tombeau de Sidi-Okba, sorte de châsse fort modeste (*tsabout*), recouverte de vieilles tapisseries brodées d'épigraphes et d'arabesques ; une inscription en l'honneur du saint, gravée sur un des piliers de la koubba, et quelques manuscrits poussiéreux. Mais la mosquée est très sombre et l'on distingue mal ces antiquailles, d'ailleurs d'une valeur artistique toute relative. Dans l'ombre on perçoit, sous les basses colonnades, les masses blanches, immobiles, d'Arabes plongés dans la prière.

Pour monter au minaret nous retraversons la cour. Là, nouvelle alerte : miss Nelly, qui n'a pas l'air de bien connaître les us musulmans, croit pouvoir rendre la liberté à Mirza et celle-ci en abuse aussitôt le plus maladroitement du monde. Émoi indescriptible parmi les

Arabes. Je prévois le moment où la pauvre petite bête va payer cher l'étourderie de sa maîtresse, à moins que nous-mêmes... Mais heureusement nous avons affaire à des musulmans moins fanatiques qu'avides de pourboires. Miss Nelly en est quitte pour reprendre son chien dans ses bras et nous grimpons ainsi dans l'escalier sombre et étroit du minaret.

Du haut de la tour, la vue nous retient longtemps sous le charme, troublante par sa nouveauté et un peu triste.

A nos pieds, la ville avec son labyrinthe de rues, les toits plats de ses maisons, et sur la place, devant la mosquée, le grouillement blanc des indigènes en burnous. A notre droite l'oasis, vaste forêt de palmiers d'un vert plutôt terne et discret, et tout autour le désert. D'abord une ceinture de champs récemment moissonnés dont les chaumes brillent au soleil comme de la poudre d'or, puis, plus loin, le sol nu, pierre ou sable, qui s'étend sans un accident de terrain, sans une oasis, sans un arbre, sans une tache quelconque, jusqu'à l'horizon, marqué par une longue ligne droite.

En nous retournant, nous apercevons dans le lointain quelque chose de sombre... c'est l'oasis de Biskra, derrière laquelle s'allonge, très basse, la chaîne de l'Aurès.

A peine avons-nous franchi la porte du minaret, que nous sommes assaillis par des guides, des mendiants, des gardiens, des aveugles, quémandeurs de toutes sortes qui dédaignent les sous et réclament la pièce d'argent.

Tous, à les entendre, nous ont rendu des services signalés : l'un nous a montré une porte en bois sculpté, un autre une inscription, un troisième le tombeau de Sidi-Okba ; celui-ci nous a ouvert une porte, celui-là nous a conduits à la tour ; un autre est aveugle, un autre a soulevé les nattes devant nos pas, un autre... que sais-je encore ?

Une fois dehors, nous trouvons un énorme nègre graisseux, béatement étalé dans notre voiture et fumant une cigarette.

Je lui demande ce qu'il fait là ?

— Moi garder voiture... répond-il sans se déranger. Et j'ai beaucoup de mal à le décider à descendre.

Après avoir rendu visite au caïd, un vénérable patriarche à barbe blanche, légèrement gâteux, qui bafouille deux ou trois mots de français, nous faisons une courte promenade dans l'oasis.

En passant ainsi, on ne voit pas grand'chose De hauts murs brunâtres au-dessus desquels émergent des cimes de palmiers.

Par-ci par-là, un pan de mur à moitié

éboulé laisse entrevoir un coin de paysage.

Nous poussons une porte et nous entrons dans un jardin. Un Arabe vient au-devant de nous, et parvient à grand'peine à empêcher deux énormes chiens kabyles de nous sauter à la gorge. C'est le propriétaire, lequel, avec beaucoup de complaisance, nous fait les honneurs de son domaine : quarante palmiers, deux ou trois figuiers et grenadiers. Mais ce qu'il tient surtout à nous montrer, c'est son père borgne, sa mère borgne, sa tante aveugle... cela pour exciter notre pitié, car ce propriétaire est doublé d'un mendiant.

Près du village, nous remarquons une maisonnette européenne, la seule. Elle est d'ailleurs abandonnée.

C'est l'école.

Nous remontons en voiture. Une cinquantaine de petits Arbis presque nus nous suivent en demandant des *sordi*.

J'en jette quelques-uns, de temps en temps : on ne saurait trop encourager ce genre de sport. J'en lance dans une flaque d'eau noirâtre. Les gamins y plongent comme des crapauds.

Enfin les coureurs les plus tenaces finissent par se lasser. La voiture quitte l'oasis, et, tout d'un coup, nous voilà de nouveau dans le grand calme saharien.

Le soir approche. La température est délicieuse... comme en France, par une belle journée d'été.

Ils ne sont pas nombreux les voyageurs qui passent sur la route.

Le premier être vivant que nous rencontrons est un chacal, qui regarde curieusement notre équipage et continue son chemin d'un air rassuré. Puis c'est une famille arabe, sur des chameaux, puis une diligence qui fait le service Biskra-Sidi-Okba. Elle est bondée d'Arabes... puis plus rien, jusqu'à Biskra où nous arrivons à la nuit.

Cheiks et Chèques

17 Juin. — Le soleil est déjà très haut dans le ciel brûlant, et miss Nelly repose encore. Ne voyant pas sa fenêtre s'ouvrir, je pars seul et je vais au Jardin d'Essai.

Cette pépinière exotique, îlot fleuri dans une mer de sable, a l'air d'un Eden en miniature. Des arbres de toutes espèces, des plantes odoriférantes, des figuiers majestueux, des bambous, d'immenses arbustes à fleurs bleues, variété d'héliotropes, des géraniums, des oliviers, des grenadiers, quelques arbres d'Europe et d'Amérique, réunis par des vignes sauvages ou des guirlandes de lianes, surgissent de ce sol autrefois aride, se mêlent et prospèrent en parfaite harmonie, au milieu d'un entrecroisement de petits canaux où dort une eau venue par on ne sait quel miracle, tandis que çà et là des dattiers dressent vers le ciel leurs colonnades hardies surmontées de chapiteaux d'où s'échappent, comme des arcs de voûte, les nervures de leurs palmes finement ciselées. Ce petit coin de terre, pensé-je, est un véritable paradis. Et je m'installe pour faire une aquarelle. Mais à peine ai-je déballé ma boîte de couleurs, préparé mon papier et mon pinceau, qu'une musique désagréable résonne à mes oreilles. Un moustique arrive, puis deux, puis trois, enfin toute une kyrielle... et je me hâte de plier bagages et de fuir ce pseudo-paradis avant d'être entièrement dévoré !

L'après-midi, vers quatre heures, lorsque le soleil est devenu moins ardent, nous nous rendons en tramway à Font-Chaudes (*Hammam-ès-Salahin*). Dans le *tram* — *kif kif* le Madeleine-Bastille — miss Nelly croit reconnaître un ancien ami d'Amérique, un ingénieur de Panama nommé L... C'est bien lui en effet, et ils refont connaissance. Cependant le pauvre homme a l'air un peu confus de cette rencontre... et sa mortification augmente lorsqu'il est forcé d'avouer à miss Nelly qu'il en est réduit à expédier des figues et des dattes pour le compte d'un grand épicier de Biskra.

Oh ! Panama ! jusqu'où, jusque dans quelles forêts vierges ou dans quels déserts inexplorés faudra-t-il aller pour ne pas rencontrer de tes victimes ?

Cette aventure avait rendu la jeune miss toute rêveuse.

— Que c'est triste, me dit-elle, lorsque nous fûmes seuls, de retrouver ainsi dans la pauvreté quelqu'un qu'on a connu riche et heureux !

— Réellement, fis-je, il faut qu'il ait été bien honnête pour avoir perdu son argent là où tant d'autres se sont enrichis. Mais, avouez qu'il y a une cruelle ironie de la part de cet infortuné à habiter dans cette contrée... et quelle dure leçon pour les autres !

— Pourquoi cela ?

— Songez donc, pour un panamiste, être sans le sou dans un pays où il y a tant de *cheiks* !...

— Très joli, dit froidement Nelly, mais il me semble bien l'avoir lu quelque part.

Le soir, tandis que, à la lueur des deux traditionnelles bougies, nous sommes attablés dans la cour, occupés à manger un salmis d'outarde, la chaste et dédaigneuse Mirza, oubliant son aristocratique origine, accepte les hommages d'un chien noir de la plus basse classe de la société canine. Miss Nelly est indignée.

Je la console de mon mieux, en lui disant que de nos jours ce ne sont plus les rois qui épousent des bergères, mais les princesses qu épousent des bergers... ou des rastaquouères.

Chevauchée dans le Désert

PERDUS DANS L'OASIS

A deux heures, nos chevaux piaffent devant l'hôtel. Nous montons en selle, et en route pour le Sahara !

Laissant à gauche l'oasis, nous traversons au hasard, droit devant nous, quelques champs vaguement cultivés, derniers vestiges de la civilisation. Puis plus rien... le désert.

Mais ce « plus rien » est une manière de parler. Il y a encore une foule de choses qui, à distance, se confondent dans l'espace infini, mais qui se révèlent aux regards, à mesure qu'on avance. La végétation n'a pas perdu tous ses droits. De petites plantes rabougries poussent un peu partout.

De loin en loin, une variété de ciguë, aux feuilles vert tendre, dresse son panache vénéneux comme pour narguer les animaux affamés ; la coloquinte étale sur le sable ses feuilles dentelées garnies de piquants et ses branches rampantes auxquelles adhèrent des fruits jaunes et durs, de la grosseur d'un citron ; de petites herbes grises, bleutées, se dissimulent discrètement dans les anfractuosités du sol.

Par endroits le terrain est plat. Ailleurs il est mouvementé. Ici ce sont des cailloux, là du sel ou encore des taches blanches de salpêtre. Plus loin ce sont des dunes, d'immenses étendues de sable fin, ondulées en formes capricieuses comme des lames gigantesques.

Excités par ce sable qui cède sous leurs sabots, les chevaux se lancent dans l'espace. Ce sont des galopades à perdre haleine. Un moment nous nous séparons, et rien de plus amusant que de nous voir ainsi à trois ou quatre cents mètres l'un de l'autre, tantôt sur l'arête de ces vagues, tantôt nous engouffrant dans les creux, disparaissant entièrement, pour remonter sur une crête, quelques minutes après, toujours au galop, dans un nuage de poussière.

Miss Nelly est superbe de courage ; son cheval brûle le terrain, aspirant à larges naseaux cet air pur des espaces infinis qui lui donne comme l'illusion de la liberté... Et Nelly va toujours droit devant elle... dans un emballement prestigieux.

C'est bien là l'attraction irrésistible du désert. Gens et bêtes y sont sujets.

Vraiment, c'est une sensation extraordinaire, imprévue, qu'on éprouve ; le sentiment d'une absolue liberté, d'une entière indépendance. On est son propre maître. On peut aller à droite, à gauche, s'arrêter... personne n'est là pour s'y opposer. Nulle part de ces écriteaux orgueilleux : « défense de passer », « la chasse est interdite dans cette propriété », « il y a des pièges », « entrée interdite sous peine d'amende ». Cet horizon infini, cette plaine à perte de vue où l'on se trouve seul et libre vous donnent une notion plus forte de votre individualité. Ici on est quelqu'un. Dans la ville on se sent perdu dans la masse ambiante des épiciers, rentiers, fonctionnaires, huissiers, commis voyageurs, calicots, bourgeois de toutes sortes qui vous toisent d'un air supérieur !

D'autres, au contraire, à l'instar de Perrichon, trouveront que l'homme est bien petit quand on le contemple au milieu de ces vastes étendues... affaire de tempérament. En tous cas, vive le Sahara !

Et nous galopons toujours !

Certes, cette conception quelque peu cavalière du désert pourra faire sourire. C'est qu'en effet ce désert-là, ce désert des environs de Biskra est un désert pour rire, légèrement tartarinesque, et je n'aurais garde de le prendre tout à fait au sérieux. Comment voulez-vous qu'on ne conserve pas une pointe de scepticisme envers le Sahara, quand on sait qu'on trouvera en rentrant, le soir, une table bien servie, un potage aux perles du Japon, une entrecôte Bercy, une omelette fines herbes, une volaille de Bresse en cocotte, des petits pois à la normande, du gruyère, des pommes Calville et une bonne bouteille de médoc, le tout à des prix modérés ?

Pour être réellement "pris" soi-même, il faudrait les grandes étapes, le voyage au long cours, dans cette mer sans fin, immobile, avec toutes les angoisses d'un Christophe Colomb marchant vers un but pressenti mais inconnu.

Ce désert-là est tout autre. Lisez les belles pages de M. Hugues Le Roux. Je préfère m'en rapporter à lui plutôt que de risquer un voyage de plusieurs mois pour le connaître :

« Voilà une semaine qu'on marche ; on a encore des semaines de route à parcourir. Pourtant on a la sensation de demeurer le centre mobile d'un cercle qui se déplace. Le but marche avec vous du même pas, c'est l'espace sans repère, le tête-à-tête avec l'infini.

« Vous autres habitants de villes, vous avez sous les yeux tant d'œuvres admirables de l'homme que vous vous méprenez sur son rôle.

« Vous ne vous apercevez pas qu'il a substitué sa création à la création, son œuvre à la nature. Comme il est le centre, la fin de ce qu'il a créé, vous vous imaginez qu'il est la fin, le centre de ce qui est. Sortez du décor élevé par un effort industrieux. Mettez-vous en contact direct avec la nature. La secousse de désillusion est violente, la révolte fougueuse, avant l'heure où l'on comprend, — où l'on accepte d'être un grain de sable comme les autres, sous le ciel indifférent, — où l'on sent la vanité de son effort, l'inutilité de sa pensée et de sa vie. Ce n'est pas dans le Coran que tous ces hommes à face bronzée ont lu la résignation souveraine. C'est dans le sable. La leçon que donne ici le soleil est impérieuse, peu de jours suffisent à l'apprendre et elle s'achève dans un acte d'insondable humilité.

« Quand on ne retirerait pas d'autre bénéfice d'une entrevue avec le désert, ce profit vaudrait le voyage. Ici on juge sa vie du dehors, on la voit dans la vraie lumière, et on se recueille. Lorsqu'est passée la première angoisse de l'effort inutile en face des choses démesurées, il y a une réaction salutaire. Le cœur sursaute; on perçoit un devoir nouveau qui n'a ni panache, ni récompense triomphale, un devoir qui n'isole pas l'individu de la foule pour des ovations personnelles, un devoir qui vous laisse dans le rang, ouvrier anonyme d'une œuvre commune, et qui tout seul vaut qu'on vive... »

Combien il faut se garder de hâtives déductions philosophiques ! Ce sentiment d'indépendance que je signalais plus haut, lui aussi n'est qu'un vain mot.

L'homme reste toujours esclave de quelque chose. Déjà le soleil baisse, l'oasis ne forme plus qu'une tache grise à l'horizon, et quelque envie qu'on ait de continuer, il faut songer au dîner. C'est l'entrecôte Bercy qui nous tient sous sa domination.

Nous faisons volte-face et nous prenons notre direction vers l'oasis.

Il eût été sans doute amusant d'ébaucher un petit roman au milieu des sables du Sahara, et de chercher à faire vibrer, dans une sphère toute restreinte et personnelle, les fibres sentimentales de mon aimable compagne qui légèrement titillaient aux souffles de la brise du soir, comme les cordes d'une harpe éolienne...

Que de romans ont commencé par des chevauchées ! Mais les avenues des parcs, les hautes futaies des chasses princières ou les sentiers fleuris prêtaient au couple égaré leur ombre mystérieuse et leur intimité propice aux tendres aveux. Surpris par une sympathie insoupçonnée, les nouveaux amants mettaient pied à terre dans une clairière, attachaient leurs montures à un arbre et se murmuraient tout bas de douces choses sous la feuillée.

Dans le désert, aucun refuge ne vous invite au repos, aucune ombre suggestive, aucun berceau de verdure ne vous fait venir au cœur le désir d'une caresse, ne vous arrache un mot d'amour... Et d'ailleurs nos petites passions n'eussent-elles pas paru ridiculement mesquines dans ce cadre immense ? Dans ce grand infini toute parole d'amour qui se serait échappée de nos lèvres n'aurait pas trouvé d'écho.

Non, décidément le Sahara manque d'intimité et... d'arbres pour attacher les chevaux.

PERDUS DANS L'OASIS

Au bout de deux heures, nous parvenons à la hauteur des premiers des cent cinquante mille palmiers qui forment l'oasis. Nos bêtes donnent déjà des signes de fatigue inquiétants. Nous côtoyons la lisière du bois. Mais tout d'un coup le soleil disparaît, et sans dire gare, sans crépuscule, une nuit noire nous surprend à dix kilomètres de Biskra.

Nous continuons tant bien que mal, mais

bientôt nous nous fourvoyons dans les jardins. Il faut sauter des canaux, des fossés. Partout nous rencontrons des murs qui nous barrent le passage... bref, nous sommes bel et bien égarés dans le labyrinthe de l'oasis. Enfin, dans l'ombre, nous apercevons une masse blanche qui nous suit avec des allures de fantôme.

C'est un Arabe. Il nous remet sur la voie ; à sa suite nous revenons sur nos pas, retraversons des jardins. Enfin, nous montrant un grand vide noir, notre guide nous dit : « Là Biskra... route de Tougourt. »

Je n'ai pas de monnaie pour récompenser cet honnête indigène, je ne sais pas son nom pour l'immortaliser, je n'ai même pas vu sa figure, mais il emporte ma reconnaissance...

Nous avançons de confiance sur la route de Tougourt, lorsque tout à coup... plus de route du tout. A droite un mur, à gauche des palmiers et devant nos chevaux nous soupçonnons l'existence d'un sentier. Un bruit discret d'eau nous révèle la présence d'un ruisseau qui longe le mur. Au-dessus de nos têtes les palmiers immobiles et mystérieux confondent leurs noires dentelures au travers desquelles percent quelques étoiles.

Que faire ? Nous continuons. Le chemin fait des détours sans fin. Il passe et repasse le ruisseau, tantôt sur un tronc d'arbre légèrement aplani, tantôt sur une pierre branlante. Nous commençons à être un peu inquiets. Heureusement nos montures ont l'air d'y voir clair, et suivent le sentier sans trop d'hésitation.

Au bout d'une demi-heure, qui nous paraît deux heures, nous rencontrons un indigène.

— Biskra ?

— *Andar! andar !*

— *Andar* veut dire : « Marchez, allez » en sabir. Ça va bien... mais à cent pas plus loin une bifurcation. Dans le doute, nous laissons nos chevaux choisir.

Le sentier devient de plus en plus accidenté. Il contourne des jardins, passe des ponts. Ce n'est évidemment plus la grande route de Tougourt. Pourvu que nous n'ayons pas perdu la direction. Et à chaque instant de nouvelles bifurcations ! Nous voilà depuis sept heures en selle, et nos montures sont bien près d'être fourbues.

Tout à coup, ma bête qui marche la première s'arrête franc devant un grand trou noir. Je regarde. Peu à peu je distingue, en travers du chemin, la forme indécise d'une maison trouée d'une immense porte. Le sentier entre dans la maison. A coups d'éperons je pousse mon cheval et nous passons ainsi par une sorte de tunnel.

A l'extrémité de ce boyau noir, un petit groupe de maisons. Sur le seuil d'une porte, des Arabes accroupis somnolent. D'autres étendus par terre, sur des couvertures, dorment. Çà et là, par la porte entre-bâillée d'une masure, une pâle lumière s'échappe, jetant des reflets timides contre les murs des maisons voisines. Et dans le grand silence des choses, j'entends, indistincte et mystérieusement troublante, une chanson monotone accompagnée de coups de tambourin, très espacés, comme d'une personne lasse qui s'endort.

Cette petite musique en sourdine, sortant on ne sait d'où, ces hommes en burnous, étendus presque en travers du chemin, ces pans de murs croulants, ces maisons à peine ébauchées, noyées dans le recul incertain des ombres et couronnées par la silhouette rigide des palmiers, ces lumières comme des feux follets, au sortir de ce trou sombre... vision étrange, presque biblique, qui par son imprécision même a produit sur moi l'impression inoubliable de quelque vieille fresque aux trois quarts effacée.

Il me faut faire un violent effort de pensée pour croire à la réalité de cette scène, simple à la vérité, mais rendue étrange, invraisemblable par notre présence même.

Et ces Arabes que nous réveillons pour leur

demander le chemin, troublés dans leurs rêves ou leur béate somnolence, ont dû, eux aussi, être assez étonnés — si jamais Arabe s'est étonné de quelque chose — en voyant tout d'un coup surgir devant eux ce *roumi* accompagné d'une *moukère*.

— Biskra ?
— *Andar ! andar !*

Bon ! C'est décidément la direction. Cette fois, nous ne sommes pas loin. Erreur ! Cette promenade fantaisiste de noctambules se prolonge, interminable, toujours dans un labyrinthe de jardins, un dédale de palmiers, de petits ponts, de maisonnettes, devant lesquelles sommeillent quelques Arabes.

Sous les caresses d'une brise du Nord qui s'élève et souffle par intermittence, les palmiers jusqu'alors immobiles agitent leurs palmes avec un bruit sec de choses froissées, un frôlement dur qui semble plus funèbre encore que leur précédente immobilité.

Des remords me prennent d'avoir été si imprudent et de risquer ainsi la vie de ma trop confiante compagne. Un malheur est vite arrivé ! Ces Arabes avec leurs airs endormis méditent peut-être quelque mauvais coup. Et je porte la main à ma ceinture pour constater la présence rassurante de mon revolver.

Miss Nelly, au contraire, dont le courage et

la bonne humeur ne se démentent pas une minute, s'amuse de cette aventure. Enfin, tout est bien qui finit bien.

Au détour du sentier, l'ombre noire et oppressante des palmiers cesse tout à coup, et nous nous trouvons sous l'immense voûte du ciel étoilé ! Et là-bas, à deux kilomètres environ... un flot de lumière. Plus de doute. C'est Biskra. Nous arrivons à dix heures à l'hôtel, où l'on nous croyait perdus.

Un Gibus à Biskra

Un matin, que vois-je de la fenêtre ? Deux messieurs, tout de noir habillés, chapeaux de haute forme, qui traversent gravement le parc. Que signifie cette mascarade ? Je cours aux renseignements. Le personnel de l'hôtel n'en sait rien.

Heureusement ces messieurs graves vont lentement et nous avons le temps de les rattraper.

Miss Nelly me suit, sans bien comprendre, et tout en marchant se moque gentiment de ma curiosité enfantine.

— Mais, mon ami, devenez-vous fou ? me disait-elle, n'avez-vous jamais vu de chapeau de soie?

— Sûrement, mademoiselle, mais un chapeau de soie, à Biskra, ne peut appartenir qu'à un fonctionnaire se rendant à une cérémonie officielle.

— Un enterrement peut-être. Je ne tiens pas à voir cela.

— Croyez-moi, miss Nelly, il se passe quelque chose de très important. Ces messieurs sont ce que nous appelons en argot du boulevard, des «grosses légumes».

— Je ne connais pas cette expression-là.

— Une grosse légume, expliquai-je, c'est...

Mais à ce moment nous arrivons à un jardinet verdoyant enclos d'une grille en fer, dont le portail est pavoisé et garni de palmes et de feuillages. Les grosses légumes entrent dans le jardin... on ne saurait avoir plus d'à-propos. Dans le fond du jardin, qui n'est autre qu'un préau d'école, des messieurs en habit et des dames en grande toilette trônent, pompeux et solennels, sur le seuil du bâtiment scolaire, et tout autour, assis sur des chaises, une cinquantaine de petits Arbis, fillettes et garçons, proprets et bien sages... C'est une distribution de prix!

La cérémonie commence : à ces petits bicos, qui dans une heure vont regagner leurs gourbis sordides, on distribue sans sourciller, avec un sérieux et une sérénité imperturbables, de beaux livres rouges de la librairie Hachette, dorés sur tranche. Toute la bibliothèque rose! C'est à se demander si l'on rêve!

A chaque nom de lauréat, prononcé par un des messieurs en chapeau gibus, le tambour fait entendre un roulement...

1er prix d'application : Abdurhaman ben Mohamed Arachin el Oumach...

Broum... boum !

2me prix : Mohamed ben Ahmed el Faïd Nadji...

Broum... boum !

3me prix : ..... Et les petits bonshommes à chéchia rouge s'en vont prendre leurs récompenses sans avoir l'air de trop savoir si c'est à boire ou à manger...

La distribution continue. Aux plus jeunes on donne des livres de formats plus modestes, des pièces de toile, des gandouras.

Puis une dame procède à la répartition des prix de vertu.

D'un geste plein de noblesse, elle pose une couronne de laurier artificiel sur la chéchia d'un petit Biskri, qui, se trouvant sans doute grotesque sous cette coiffure, s'empresse de l'enlever.

C'est tout à fait amusant. A quand le couronnement des rosières de Biskra ?

A la fin de la cérémonie, la musique des zouaves entonne la *Marseillaise*.

Ne ferait-on pas mieux de donner à ces petits Biskris des objets pratiques, utiles, qui leur inculqueraient de bonne heure des notions de confort et de propreté ? En donnant à l'Arabe des ustensiles de ménage, par exemple, on éveillerait en lui de nouveaux besoins. Il serait forcé de travailler pour les satisfaire, il nous achèterait des objets fabriqués en France et créerait ainsi un important débouché à notre industrie et à notre commerce.

Tout le monde s'en trouverait mieux.

Mais non, la grande, la belle centralisation ne l'entend pas ainsi, et parce que le jeune Francisque Pitonaud, fort en thème, de Jouy-en-Josas et Célestin Cabuzard, de Pithiviers, futur bachelier ès lettres, reçoivent en 1897 la *Jeunesse des Hommes célèbres* ou les *Fables de La Fontaine*, il faudra que le même jour et à la même heure Mohamed ben Ahmed et Abdurhaman ben Mohamed, de Biskra, soient récompensés de la même façon.

A Chameau

Biskra est l'étape ordinaire et le débouché naturel des caravanes venant des oasis environnantes et du Grand-Sud. Aussi le marché de la ville est-il toujours très animé. Plusieurs fois par jour arrivent sur la place d'importants convois. C'est là qu'on décharge les chameaux, opération à laquelle ces intelligentes bêtes se prêtent avec toute la bonne grâce dont elles sont susceptibles. Sur un signe, elles s'agenouillent sans résistance aucune et se laissent enlever leurs fardeaux le plus docilement du monde.

Quant au chargement, c'est un peu plus compliqué. Comme les chameaux se doutent très bien du vilain tour qu'on va leur jouer, ils refusent énergiquement de se mettre à genoux. Ils poussent des cris perçants, des rugissements semblables à celui d'un lion blessé. Enfin, non sans peine, le chamelier parvient à vaincre leur obstination ; mais à chaque sac, à chaque caisse qu'on leur colle sur le dos, ils protestent par un nouveau cri déchirant, lamentable... ils savent, les malheureux, que ce sac, cette caisse leur battront les flancs pendant deux ou trois cents kilomètres. On comprend que cette perspective n'ait rien pour eux de bien enchanteur.

Il y a un peu de tout dans la halle de Biskra, étalages de fruits d'Afrique et d'Europe, boutiques de maroquinerie, boucheries où l'on dépèce du mouton, de la gazelle, du sanglier, éventaires de camelots indigènes et à même le sol, par groupes pittoresques, débordant les uns sur les autres, les objets les plus divers : étoffes françaises, éventails, couteaux kabyles, pantoufles de cuir rouge ou jaune citron, d'énormes lézards empaillés, des cornes d'antilopes, des gâteaux de dattes et de miel, des tapis, des *kerbas* (outres en peau de chèvre), de l'orge, du maïs, de vieilles sandales remises à neuf, du chanvre, des volailles.

Cependant la vue des chameaux a rouvert une plaie dans le cœur de Nelly. Une promenade à chameau, c'était son rêve. Elle la réclame avec insistance et ne veut pas quitter Biskra avant d'avoir goûté de ce genre de sport.

Après de longs pourparlers, un Arabe nous en amène deux. Ces animaux jettent sur nous un regard circulaire et inquisiteur. Mais le chargement paraît leur convenir. Ils n'aperçoivent pas de bagages et en concluent qu'il ne s'agit pas d'un voyage à Tombouctou, mais d'une modeste balade aux environs. Rassurés, ils s'agenouillent sans rechigner, en poussant un petit cri de douce satisfaction.

Nous montons en selle, ou plutôt nous nous hissons à grand'peine sur un bât fort primitif. Trois secousses terribles, l'animal est debout, et en avant ! *ouche ! ouche !*

Devant cette caravane bizarre, les *Biskris* s'arrêtent et rient. Un indigène qui nous a sans doute vus à cheval, interpelle miss Nelly dans un langage panaché.

— *Djemel pas comme cheval, Madame ! macache mlehh !*

— *Mlehh bezef,* répond Nelly, que les secousses de l'animal amusent prodigieusement.

Nous allons au vieux Biskra. C'est, paraît-il, le tour classique sur ce genre de véhicule.

Le vieux Biskra se compose de plusieurs villages ou groupes de maisons en boue, parsemés dans l'oasis.

Nos montures marchent avec une sage lenteur. Sûrement elles comprennent qu'elles sont prises à l'heure, car, quoi qu'on en dise, ce sont des bêtes intelligentes, pleines de philosophie, sympathiques presque, et qu'on a grand tort de qualifier de « chameaux ». En tous cas, elles en remontreraient en roublardise aux cochers de fiacres parisiens, et en psychologie à M..... mais pas de personnalités !

Non, vraiment, il y aurait une belle œuvre morale à entreprendre : la réhabilitation du chameau.

A l'entrée d'un village, nous rencontrons un essaim de jeunes Mauresques en toilettes resplendissantes, le visage découvert, les bras et les chevilles chargés de bracelets d'or et d'argent. Elles ont de douze à quinze ans, c'est dire qu'elles sont en pleine maturité. Elles nous regardent avec leurs grands yeux noirs, des rangées de dents du plus bel émail brillent entre leurs lèvres souriantes... et toutes nous adressent des saluts amicaux et bienveillants.

Nous interrogeons le guide.

— Mariage... explique-t-il.

Ma foi, n'en déplaise à miss Nelly, j'aurais bien voulu être le fiancé. Il n'avait vraiment que l'embarras du choix... à moins qu'il ne les prît toutes... Doux pays! comme dirait Forain.

Au retour, je me trouve un moment dans un cas embarrassant.

Nelly a dû mettre pied à terre, le bât qui lui servait de selle menaçant de tourner ou de glisser sur l'arrière-train à chaque déhanchement de l'animal, et tandis que le chamelier est occupé à resserrer les sangles, mon chameau qui sent l'écurie, ou tout au moins le *fondouk*, continue sa route, indifférent à ce qui se passe et allonge le pas. Impossible de l'arrêter. Quant à descendre ce n'est guère praticable. Autant vaudrait sauter du haut des tours de Notre-Dame, tant ces animaux sont haut perchés. Pour le conduire je n'ai qu'une canne et je ne connais d'autre moyen de persuasion que le *ouche! ouche!* qui veut dire : en avant ! hue ! Avec ça comment arrêter un chameau, même très intelligent, qui ne sait pas le français ?

Aussi le mien, malgré mes pressantes exhortations, poursuit-il son chemin. J'ai beau crier : halte ! halte ! Cela ne lui dit rien du tout. Un tournant, et j'ai perdu de vue miss Nelly et le guide.

Le ridicule de ma situation me rappelle cette vieille légende allemande de l'apprenti sorcier qui, ayant surpris une formule pour commander aux Esprits, profite de l'absence de son maître pour leur ordonner d'apporter de l'eau. Mais il ignore le mot magique qui doit les faire cesser. Aussi les Esprits continuent-ils à apporter de l'eau plus qu'il n'est besoin. Ne sachant à quel saint ni à quel diable se vouer, l'imprudent apprenti les coupe en deux ; mais les Esprits, dédoublés, apportent de l'eau sans trêve, tant et si bien que lorsque le maître revient, la maison est près d'être submergée.

Pas plus que les Esprits, ma bête ne consent à s'arrêter. Elle se méprend sur toutes mes intentions. Quand je lui cogne la tête avec ma canne pour la faire tourner, elle se figure que je la pousse, et plus je m'ingénie à l'arrêter, plus elle presse le pas.

Enfin je rencontre un indigène. Je lui explique par gestes la situation ; il comprend et oblige mon coursier à rebrousser chemin.

Moralité : Pour monter à chameau, il ne suffit pas de savoir dire *ouche !* il faut savoir dire *ch ! ch !* (halte, en arabe).

Le même jour, tant miss Nelly est infatigable, nous faisons encore quatre heures de cheval. Nous montons au col de Sfa d'où l'on a la vue d'un côté sur le désert, et de l'autre sur la plaine d'El-Kantara et les montagnes de l'Aurès.

Le Retour

Irons-nous à Tougourt ?... toujours l'irrésistible attraction du désert, où il n'y a rien, rien à voir sinon une plaine avec quelques cailloux, quelques touffes d'herbes, et çà et là, tous les cinquante ou cent kilomètres, un groupe de palmiers avec quelques maisons de boue.

La tentation est très forte. Nous entrons en pourparlers avec le conducteur de la diligence. Le voyage s'effectue en deux jours ou plutôt en deux nuits, car en été l'on part le soir et le relai a lieu à M'rier pendant la journée.

Il me semble que je regretterai ma lâcheté si je n'y vais pas. D'autre part, le temps presse, et miss Nelly ne ressent pas au même degré cette inexplicable fascination. Enfin une raison sérieuse, décisive, nous contraint à renoncer à notre projet.

La chaleur, jusqu'ici très supportable, devient tout à coup véritablement saharienne. Le thermomètre saute de 30 à 45 degrés. La dernière nuit est des plus pénibles. Impossible de fermer l'œil. Pas d'air dans la chambre. Les moustiques arrivent par nuées. Je passe un pantalon et je cherche un peu de fraîcheur sur le balcon où je trouve miss Nelly dans un costume presque aussi primitif.

Il fait un clair de lune superbe, mais de fraîcheur, néant. Une atmosphère sèche, accablante, oppressante, le bain turc, la salle d'air sec à 50 degrés, sans la perspective de la douche bienfaisante. Une soif ardente nous brûle la gorge. Je réveille le garçon qui nous apporte des bouteilles de St-Galmier. Nous les vidons coup sur coup sans parvenir à nous désaltérer.

Pas un souffle, sauf, de temps à autre, une bouffée venant du Sud, comme les effluves d'une fournaise.

C'est décidément le moment de partir, non pour Tougourt... mais pour le Nord.

Et le lendemain, à 7 heures du matin, nous prenons le train de Constantine, en compagnie de M. B..., un riche négociant en fruits confits.

Vrai, cette pauvre Mirza n'a pas de chance. A la gare de Biskra de quoi s'occuperait-on, sinon des étrangers qui passent ? Or, depuis quinze jours, nous sommes les seuls étrangers signalés dans la contrée, et depuis notre arrivée on attend avec impatience notre départ... pour pincer Mirza. C'est le grand sport de la gare de Biskra. Mais nous sommes sur nos gardes, et, pour mieux tromper la vigilance du personnel, nous confions l'animal, dans son panier, au doux négociant en fruits confits. Vain subterfuge ! M. D... a beau prendre ses airs les plus sucrés, les employés se défient de ce bloc ensacchariné. A peine sommes-nous installés en wagon, que Mirza est signalée au conducteur, lequel exige — toujours le règlement — qu'on la sorte de son panier et qu'on la remette dans la niche.

Dans cette bienheureuse Algérie, colonisée par des fonctionnaires ou des employés à casquettes, qui la plupart du temps n'ont rien à faire, il n'y a rien au-dessus du règlement.

Et voilà Mirza roulant de nouveau seule, derrière les barreaux de sa prison !

Entre El-Kantara et la Source des Gazelles, nous dépassons une caravane monstre venant d'Ouargla, c'est-à-dire à 370 kilomètres dans le Sud. Elle a traversé Biskra pendant la nuit et se dirige sur Constantine. C'est une véritable armée, interminable, un serpent gigantesque qui déroule à perte de vue ses anneaux dans la plaine.

Et de près, quels groupes pittoresques ! Ces vastes palanquins, balancés lentement sur ces croupes énormes ! Ces chameaux chargés de lourds sacs et de caisses qu'ils portent comme des plumes ! Parfois, lorsque la ligne du chemin de fer se rapproche de la route, quelques-uns de ces animaux prennent peur, se lancent les uns sur les autres, se bousculent dans un nuage de poussière, entraînant dans leur fuite ceux qui, moins timorés, regardaient curieusement filer la terrible locomotive.

Ici, une tribu a mis pied à terre et marche en ordre serré dans la grande ombre projetée par les bêtes surmontées de palanquins. Les hommes d'abord, majestueusement drapés. Ils sont précédés d'un flûtiste qui souffle dans sa *rhiâta*, des heures entières. Et sa mélodie, bien que monotone et plaintive, fait paraître moins longues les interminables journées des nomades qui avancent vers un horizon éternellement le même. Puis les femmes, les filles et les enfants. Derrière eux, la file interminable des chameaux porteurs. Enfin d'autres, sans charge, ni palanquins, en longs troupeaux, accompagnés des chamelles et de leurs petits.

Après un court intervalle, une nouvelle tribu, suivie également de bêtes chargées, marchant à vide. Il y en a sûrement plus de deux mille.

Tout cela faisant des taches merveilleusement brillantes dans l'uniformité de cette vallée aride, en plein soleil.

C'est à Batna que je dois me séparer de mon aimable compagne qui continue sa route sur

Alger, tandis que je vais pousser une pointe jusqu'à Lambèse et Timgad.

Nous avons les yeux légèrement humides, car il s'était établi entre nous une de ces bonnes camaraderies souvent plus attrayantes que les banales aventures galantes... Et je suis heureux d'avoir l'occasion de la remercier ici des heures charmantes et inédites qu'elle m'a procurées. Peut-être dois-je à sa présence une vision plus agréable et plus riante de ce pays vaguement désolé.

Un adieu encore à la petite Mirza, qui me regarde d'un air triste derrière ses barreaux, une dernière poignée de mains à miss Nelly, des mouchoirs longtemps agités..... Mais bientôt le train n'est plus qu'un point noir dans la plaine immense.....

JUSTICE FRANÇAISE

ET

Justice Arabe

Avant-propos.
Une prison en Algérie.
La justice de l'agha.

Les deux récits qui suivent, réunis sous ce titre unique : *Justice française et Justice arabe* se corroborent de telle sorte qu'ils semblent écrits de parti pris, pour soutenir une thèse préconçue.

Ils n'ont cependant entre eux qu'une connexité due au hasard.

N'ayant pas entrepris d'écrire un livre de polémique, mais simplement de raconter ce que j'ai vu, et çà et là de signaler quelques progrès à réaliser et quelques écueils à éviter, je laisse aux lecteurs le soin d'en tirer à leur gré les conclusions pratiques.

Une Prison en Algérie

Batna a presque l'aspect d'une petite ville de France. C'est à peine si l'on y soupçonne l'Algérie. Presque pas d'Arabes, une végétation rappelant celle des environs de Marseille. Des rues larges, droites, des maisons neuves, propres, correctes, à un ou deux étages, des hôtels simples mais confortables, des casernes avec une garnison importante, un hôpital, des boulevards, des jardins, une halle, la lumière électrique... bref, tout ce qu'il faut pour vous transporter par la pensée à plusieurs centaines de lieues vers le Nord.

Les touristes ne s'y arrêtent guère. Ils n'y descendent que pour aller à Lambèse et à Timgad.

Les ruines de Timgad ont été décrites par des plumes trop autorisées, entre autres par le regretté M. Masqueray, et plus récemment encore par M. Gaston Boissier, pour que je me permette d'en parler. Lambèse, au contraire, n'a pas eu depuis longtemps, je crois, les honneurs de la publicité. Pourtant l'antique *Lambæsis* fut une colonie autrement considérable que Timgad, et le modeste village actuel qui a remplacé la ville romaine de 50.000 habitants offre un intérêt plus direct, au point de vue de la colonisation moderne : c'est son pénitencier. À ce double titre, Lambèse mérite bien une visite.

De Batna à Lambèse, la contrée est loin d'être riante. De petites montagnes gris foncé, monotones, couvertes de pins et de cèdres, enclosent une assez large vallée d'où émerge çà et là une ferme. En passant, le cocher me montre, au bord de la route, une maison où toute une famille de colons a été massacrée par des Arabes. Les meurtriers au nombre de cinq ont été exécutés à Batna. Fait divers qui ne contribue guère à égayer le paysage.

Enfin, après douze kilomètres, j'aperçois Lambèse, et, au milieu de la plaine, les ruines du palais du préteur.

Le *Prætorium* est un immense édifice carré, à deux étages, dont il ne reste que les quatre murs. Il est construit en massives pierres de taille jaunes et la façade occidentale présente encore de beaux motifs architecturaux. On en a fait une sorte de musée à ciel ouvert, où l'on réunit depuis quelques années une partie des statues, inscriptions et ornements sculpturaux retrouvés dans les fouilles de Lambèse et de Timgad. Le *Prætorium*, les ruines d'un temple d'Esculape, l'arc de Sévère, une mosaïque assez bien conservée représentant les quatre Saisons sont les restes les plus intéressants de cette colonie.

Les Vandales, des tremblements de terre et, hélas ! aussi l'administration impériale qui a pris les matériaux à même les édifices pour la construction du village et du pénitencier (1852) ont fait disparaître de nombreux temples, près de quarante arcs de triomphe, un vaste cirque et bien d'autres monuments dont on ne retrouve que quelques vestiges épars.

Le pénitencier de Lambèse est surtout connu parce qu'il servit sous l'Empire de lieu de relégation à un grand nombre de déportés politiques. Il est aussi intéressant par le mélange de ses pensionnaires : Arabes et Européens s'y coudoient.

Erreur fatale, cette confusion d'indigènes et de colons, où chaque criminel d'une race apprend, dans une vie commune, les vices et les trucs malfaisants de l'autre. Cette école mutuelle du crime serait, semble-t-il, à éviter. Un autre inconvénient est de mettre sur le même pied la race conquérante et la race conquise. Peut-être au point de vue chrétien est-ce une très noble pensée que cette égalité devant la loi, mais en pratique et pour le prestige de la colonie il devrait y avoir des pénitenciers distincts, des prisons préventives distinctes, voire des «paniers à salade» distincts.

Par analogie, ne devrait-on pas également séparer dans les hôpitaux les malades arabes des européens ! Cela paraît élémentaire, et pourtant qui sait quand cette injustifiable promiscuité cessera d'exister ?

Cette erreur de colonisation, qu'on retrouve un peu dans tous les domaines de l'Algérie officielle, a si bien pris racine qu'elle paraît presque naturelle aujourd'hui. En demander la suppression serait s'attaquer à tous les libéraux, les humanitaires, les professionnels du progrès du continent.

Certains verdicts récents, rendus par les tribunaux algériens, prouvent bien que juges et jurés se soulèvent contre cette prétention des continentaux de vouloir à tout prix assimiler les Arabes aux colons.

Sur le vu de ma carte, je suis introduit auprès du directeur, M. Bastier, qui me reçoit avec beaucoup d'amabilité, et très complaisamment me fait les honneurs de «sa maison».

Et d'abord, aux cellules des condamnés politiques : une série de cabanes contiguës de trois à quatre mètres carrés, des murs blanchis à la chaux. Quant au mobilier il n'existe plus, mais il devait être sommaire. C'est là que vivaient les déportés, quelques-uns avec femme et enfants. M. Bastier me cite quelques noms, parmi lesquels celui du sénateur Ranc. Ces prisonniers n'étaient pas astreints au travail. Ils pouvaient même se promener dans les forêts d'alentour, mais comme elles étaient alors infestées de lions et de panthères, ils préféraient s'abstenir de profiter de cette *faveur* impériale.

En traversant une cour, je remarque d'anciens tombeaux couverts d'inscriptions latines, utilisés par la trop pratique administration de l'Empire à des bassins de fontaine. *Quantum mutatus ab illo !* Maintenant des voleurs, des assassins, des forçats immondes viennent puiser l'eau dans le tombeau où reposait jadis quelque glorieux chef de légion ! O ironie de la destinée !

Le directeur me montre l'école, très propre, avec table noire, cartes de géographie, alphabets, qui ferait envie à nombre de villages, puis la salle de réception avec le service anthropométrique. Il m'enferme un instant dans une cellule noire, où en effet on ne voit rien du tout. Il n'y a que les quatre murs, une porte massive et un guichet pour passer la nourriture, pain et eau. Une fois la porte refermée, l'obscurité est complète; on n'entend aucun bruit du dehors. Ce séjour manque évidemment d'air et de distractions; mais si monsieur le locataire se trouve mal, il a une sonnette pour appeler le garçon. C'est, paraît-il, la pièce la moins confortable de l'établissement, et il faut avoir commis une faute grave contre la discipline pour y être logé. D'ailleurs, une détention temporaire dans cette chambre obscure, qui ferait les délices d'un photographe, offre un grand avantage, c'est qu'au sortir de là la prison simple paraît un véritable paradis.

En effet, en pénétrant dans l'immense bâtiment principal, je suis littéralement émerveillé. Du vestibule central j'aperçois sur trois étages les longs corridors en enfilade avec les portes des cellules se succédant à l'infini.

« Ah! perspective admirable!

« Ah! le superbe point de vue! »

Voyons les cellules.

Les chambres à coucher de ces messieurs ne sont pas somptueuses, il est vrai, mais elles sont très propres, et il en existe sûrement de plus misérables dans les taudis des grandes capitales. Celles des Arabes renferment une paillasse et une cruche, celles des Européens une cruche et une paillasse. Peut-être la paillasse de ces derniers est-elle un peu plus tendre, mais je ne l'affirmerais pas. Une fenêtre grillée leur apporte de première main, par-dessus l'Aurès, l'air pur du Sahara. Cela doit être une excellente cure d'air. Et il y a ainsi des centaines de cellules à la suite les unes des autres, dont les portes donnent sur un long corridor au rez-de-chaussée et sur des galeries au premier et au second étage. Le pénitencier peut contenir quinze cents prisonniers environ.

Le corridor sert de réfectoire. Sur les tables, des gamelles, où l'on verse le potage, sont alignées, avec du pain et de l'eau.

Ces messieurs sont servis ! Boum, voilà !... C'est comme une table d'hôte.

Ce sont des détenus européens qui font la cuisine. L'office est proprement tenue. La soupe, une bonne soupe assez épaisse, mijote dans d'immenses chaudières. Tout est très appétissant. On se croirait dans la cuisine d'une caserne ou dans les sous-sols d'un grand hôtel.

Outre le menu de la maison, les prisonniers peuvent moyennant finance se payer de petits extra ; pour un sou de figues sèches, pour deux sous de beurre, un sou de dattes. Tous ces extra sont à l'avance enveloppés dans des morceaux de papier.

L'argent dont ils disposent est le produit de leur travail. Ils gagnent 60 centimes par jour ;

30 centimes leur sont mis de côté pour l'époque de leur sortie. Ils ont donc six sous à dépenser pour leurs petites friandises quotidiennes.

Le pécule que les Arabes touchent à leur libération est pour eux une fortune. S'ils restent un an, ça leur fait 109 fr. 50. Pour peu qu'ils soient de parfaits brigands, qu'ils passent dix ans en prison, ils sortent avec plus d'un millier de francs. Combien y a-t-il en Algérie d'Arabes honnêtes possédant une pareille somme ?

D'ailleurs les forçats sont sûrs d'être très bien accueillis dans leurs tribus à leur retour, et cela pour plusieurs raisons. D'abord ils sortent du pénitencier sachant un métier. Ensuite ils y ont appris à lire, à écrire. Ils parlent couramment le français. Enfin et surtout, c'est pour eux un honneur insigne que d'avoir été condamnés par les *roumis*. Tandis que chez nous un détenu est déshonoré, marqué au sceau de l'infamie pour le reste de ses jours, au contraire, pour les Arabes, un séjour dans une prison équivaut à un titre de noblesse. Une fois libérés, ces voleurs, ces cambrioleurs sont reçus à bras ouverts par leurs coreligionnaires. Ils passent presque au rang des marabouts.

Un libéré est-il attendu dans son village, la population entière, musique en tête, se porte à sa rencontre et lui fait une véritable ovation. On l'embrasse, on baise les pans de son burnous. Puis tout le cortège rentre au village au son de la *nouba* et la population passe la nuit dans l'allégresse.

Dans un bâtiment spécial se trouve l'hôpital, très bien installé, qui fait également honneur au directeur et au médecin.

Une annexe est réservée à la salle de bains où les prisonniers sont envoyés dès leur arrivée. Leurs vêtements sont soigneusement désinfectés. Ce sont des Arabes qu'on emploie au service de la buanderie. Ils ont, paraît-il, certaines aptitudes pour ce métier.

M. Bastier me conduit ensuite aux ateliers. Il y a en ce moment fort peu de travailleurs. Les trois quarts des prisonniers sont occupés aux champs ou à des travaux de route. Quelques-uns sont envoyés à plusieurs centaines de kilomètres de Lambèse. Ce sont les petites vacances des pensionnaires.

Dans les différents ateliers les deux races sont également mêlées ; cependant, pour certaines spécialités, on choisit de préférence des Européens, pour d'autres des indigènes. Européens et Arabes portent le même costume de grosse serge brune. Le numéro matricule est marqué en chiffres rouges très visibles. Malgré cette uniformité de costume, on reconnaît les races au premier coup d'œil. Les têtes des Européens sont en général plus sinistres parce que le vice et les indices de criminalité y sont plus lisibles, tandis que l'Arabe, nature concentrée, ne laisse deviner sur son visage ni ses passions, ni ses vices. Qu'il soit honnête ou criminel, c'est un masque presque invariable. Ces prisonniers maures ressemblent à tous les indigènes qu'on coudoie journellement dans les rues d'Alger ou de Constantine.

Dans un premier atelier on tresse des nattes, on fabrique des cordes avec de l'alfa, petit travail pas fatigant, à la portée de toutes les intelligences. Dans un second on fait de la menuiserie, des armoires, des tables, des chaises. Il y a des meubles parfaitement exécutés qui feraient bonne figure au faubourg Saint-Antoine. Plus loin des charrons font des instruments aratoires. J'ai vu là un lourd chariot pour le transport du fourrage qui serait certainement primé à un concours agricole. J'allais oublier l'atelier de cordonnerie où l'on retape jusqu'à extinction les vieux souliers des détenus ; on y fabrique également d'excellentes chaussures.

Tout ce monde-là travaille tranquillement, sans hâte, sous l'œil placide du gardien, comme des ouvriers travailleraient sous la surveillance du patron.

Non, vrai, ils ne paraissent pas trop à plaindre, ces prisonniers, et les indigènes moins encore que les autres.

On n'ignore pas, en effet, que les musulmans ne boivent jamais de boissons alcooliques. Le manque de vin n'est donc pas une privation pour eux, et si la règle de la maison est celle du *Petit Duc*, là encore l'Arabe mieux que l'Européen saura tourner la difficulté. Comme, en outre, il est très sobre de tempérament, qu'il se contente chez lui de quelques figues de Barbarie ou d'un peu de couscous, il se trouve ici dans une situation beaucoup moins dure que ses collègues à peau plus blanche.

Cette prétendue égalité est donc en définitive une inégalité, et une inégalité à rebours.

Et dire que ces indigènes ne nous savent aucun gré de la douceur et de l'humanité avec lesquelles nous les traitons. Ils regrettent encore la domination des Turcs. Au moins ceux-ci avaient des procédés énergiques qui imposaient à la race vaincue. Ils coupaient le bras au voleur, la langue au parjure. Si le crime était grave on tranchait la tête, et si l'affaire n'était pas claire on oubliait l'inculpé dans un silo. C'était simple et sommaire. Aussi cette justice-là était-elle comprise et appréciée des Arabes.

Aujourd'hui, on hésite à punir les indigènes. De peur de frapper un innocent, on absout dix coupables. Les Turcs faisaient le contraire et ils étaient dans le vrai... car un Arabe est toujours coupable de quelque chose. Si on les condamne, on les héberge dans de beaux bâtiments, on leur donne de l'occupation pour les distraire, et on les paye... Le résultat est que beaucoup d'Arabes se font voleurs pour être mis en prison.

Et moi qui, en entrant dans ce pénitencier, pensais éprouver une émotion profonde, un serrement de cœur en voyant tant de misérables, je ressors avec une impression tout autre. Ce ne sont pas ces hommes enfermés que je plains : ce sont les malheureux qui souffrent en liberté, qui peinent nuit et jour sur leur travail et qui malgré cela ne sont pas sûrs d'avoir du pain ni un logis le lendemain.

N'est-ce pas vers ceux-ci surtout, aussi bien en Europe qu'en Algérie, que devraient se porter l'attention des gouvernants et la charité des peuples ?

La Justice de l'Agha

Peu de jours après, j'arrivai à Constantine. A peine débarqué, je rendis visite à M. R..., un haut fonctionnaire dont j'avais fait la connaissance à Alger. Il m'accueillit avec beaucoup d'affabilité, et se mit obligeamment à ma disposition pour me faire voir la ville.

Au cours de la conversation, j'en vins à parler de ma récente visite au Pénitencier de Lambèse et des impressions qu'elle m'avait suggérées. Nous nous entretînmes de la justice arabe et de la justice française appliquée aux indigènes.

— De ce que j'ai vu en Algérie, lui dis-je, je crois pouvoir conclure qu'en tout et partout l'Arabe devrait être séparé de l'Européen ; que le mode d'exécution des peines, que les peines mêmes devraient être différenciées suivant la race. Ne partagez-vous pas mon avis ?

— Vous avez mille fois raison.

— Est-ce une exagération de dire que l'Arabe, malgré l'humanité avec laquelle nous le traitons, regrette la justice turque ?

— Nullement. Il la regrette, parce qu'il la comprenait mieux. L'Arabe, dont la puissance avait été créée par la guerre, ne respecte et n'admet que la force ; pour lui, bienveillance, bonté sont indices de faiblesse. « Quand on est maître, on commande ou on impose sa volonté ; on ne prie pas un individu de s'y soumettre, on l'y oblige. »

En principe, tout homme est assoiffé de justice, mais la nôtre n'est pas celle que comprend l'indigène. Les moyens que nous employons pour arriver à la découverte de la vérité le font sourire de pitié.

— J'ai connu, en effet, lui dis-je, un juge de paix qui n'interrogeait jamais les Arabes qu'une matraque à la main, et qui souvent obtenait des aveux dus à la seule influence de ce talisman.

— Ceci ne me surprend nullement. Avec les Arabes, l'homme le plus enclin à la patience est forcé d'en arriver là. C'est l'unique argument qui les touche. Soyez-en certain, ce juge de paix n'est pas le seul qui use du procédé. Mais en général ils ne s'en vantent pas, car ce mode d'instruction n'est pas admis par notre code.

D'ailleurs, — reprit mon aimable interlocuteur, — puisque cette question vous intéresse, venez avec moi, je vous présenterai à un

Arabe de mes amis, un ancien agha, qui vous renseignera mieux que moi à cet égard.

Nous sortîmes, et à quelques pas de là, nous heurtâmes à la porte d'un petit palais mauresque propre et fort coquet. Un jeune *chaouch* vint ouvrir et nous introduisit dans la chambre de son maître, lequel nous reçut avec cette gracieuse courtoisie spéciale aux chefs arabes.

Après les salamalecs d'usage, nous prîmes place sur des coussins, et tout en fumant des cigarettes et en buvant le café, M. R... mit l'agha sur le sujet qui nous intéressait.

Cet ancien agha parlait un français très pur. Il avait été longtemps au service de la France, dont il paraît un ami sincère et un grand admirateur. Ce qui ne l'empêche pas — avec sa longue expérience — de s'être rendu compte des côtés faibles de notre système de colonisation. La question devait lui tenir à cœur, car il se mit à parler avec une certaine animation, et voici aussi textuellement que possible quelles furent ses paroles. Je n'y ajoute pas un mot :

« Ne vous fiez jamais au témoignage de mes coreligionnaires. Rien de faux comme l'Arabe. Il est né voleur et menteur. Vous relâchez un accusé qui fournit un alibi : alors renoncez à poursuivre. Vos lois sont bonnes pour vous ; pour nous, elles ne valent même pas le papier sur lequel elles sont écrites. Le Coran n'est pas seulement notre loi religieuse ; c'est le code complet du musulman. Tant que l'Arabe gardera sa foi, appliquez-le-lui. N'ayez pas peur d'être rigoureux et vigoureux dans la recherche des crimes et des délits : usez de tous les moyens dont vous disposez ; je dis de *tous*, car tous sont bons.

« Pour mieux vous faire saisir ma pensée, je vais, me dit-il, vous citer un exemple :

« Il y a longtemps déjà que s'est passée l'histoire que je veux vous raconter ; j'étais alors agha de X.....

« Un jour, une caravane de nomades vint camper près de ma résidence. Ces gens se rendaient dans le Nord, vers Biskra et Batna pour commercer. Au moment de faire replier ses tentes, leur chef s'aperçut qu'on lui avait volé 1.200 francs pendant la nuit. Il vint rapidement m'en avertir. J'ordonnai à mes cavaliers de partir à toute bride et de cerner le camp d'un cercle immense ; à mes *chaouchs*, de faire réunir immédiatement sur la grande place tout le peuple de X... Après l'appel, et certain que personne ne manquait, je me rendis au bivouac des nomades, à l'effet de procéder aux premières constatations. Je ne tardai pas à remarquer sur le sable des traces de pieds, aboutissant à la tente du chef du douar. La découverte du coupable n'était plus qu'un jeu pour moi : je fis venir mon *liseur de pistes*. Quand il eut bien examiné le terrain, je réunis les habitants de la ville et je les fis se déchausser. Je les mis en ligne, par groupe de cent et les portai en avant. A la cinquième ou sixième épreuve de ce genre, mon liseur me désigna le voleur, qui, bien entendu, protesta énergiquement de son innocence. Un alibi ? Mais, si j'avais voulu l'entendre, il m'en aurait fabriqué une douzaine ou même plusieurs douzaines ! Qu'aurait fait un juge français ? A coup sûr, rien. Moi, je dis tout simplement à mon individu : « *Rends les 1.200 francs tout de suite, sinon je t'envoie au palmier jusqu'à ce que tu te décides.* » Il persista dans ses dires. — Je lui tins parole.

« Sur la place de la ville, il y a un palmier gigantesque d'au moins soixante pieds. A la cime, on attache mon Arabe, la tête en bas. Il était alors neuf heures du matin. Le soleil, qui commençait à chauffer dur, devint excessif; aussi, vers deux heures, le patient demanda-t-il à me voir. Je me rendis à son désir. Je croyais qu'il allait me faire des aveux; pas du tout, il eut l'audace de certifier de nouveau son innocence. Je tournai le dos sans mot dire. Alors ce fut une autre affaire : « *Fais-moi détacher, Sidi, je te dirai où est l'argent. »* — *Maintenant c'est trop tard; je vais faire ma sieste ; dans deux heures je t'enverrai chercher. Si, à ce moment-là, tu ne me dis pas toute la vérité, tu ne pourras t'en prendre qu'à toi-même des désagréments que tu éprouveras. »* A quatre heures, on dépendit l'individu qu'on m'amena. Il avoua avoir volé les douze cents francs et dit les avoir déposés au fond d'une malle cachée dans le gourbi d'un de ses camarades. Je fis apporter le meuble. L'ayant ouvert en présence du coupable, j'y trouvai 1.198 francs. — « *Que sont devenus les autres quarante sous ?* » — « *Je les ai donnés à mon ami.* »

« L'ami, mandé sur-le-champ, nie. Il supporte sans broncher cinquante coups de rotin ; mais sur l'ordre de le conduire au palmier, il avoue et restitue. Le lendemain, en présence des nomades et de mes administrés, sur la grande place, les deux voleurs étaient amenés et fustigés. Mon chaouch criait : « *Ainsi seront punis tous les voleurs; après le palmier, la bastonnade !* » Et depuis ce temps, plus un seul vol ne fut commis dans l'étendue de mon commandement.

« Croyez-vous, me dit l'ex-agha en terminant, qu'avec vos lois et vos moyens français, le plus habile de vos juges fût arrivé à un aussi heureux résultat ? C'est que votre manière et la nôtre de comprendre la justice sont séparées par un abîme. Protégez-nous, vivez à côté et au-dessus de nous, mais puisque Arabes nous sommes, traitez-nous en Arabes, laissez-nous nos lois spéciales. Les canailles de notre race aiment mieux les vôtres parce qu'elles leur sont plus douces ; c'est pourquoi il y a plus de délits aujourd'hui qu'autrefois. »

Lorsque nous eûmes pris congé, M. R... me dit : « L'agha que vous venez de voir est un personnage très connu. Mais, je vous prie, si par hasard vous publiez cette interview, de taire son nom, ainsi que le nom de la ville où se sont passés les événements qu'il a racontés. Ce serait lui rendre un bien mauvais service que de le nommer. Quant à moi, qui partage absolument sa manière de voir, je vous recommande la même réserve à mon égard. »

Et comme je paraissais surpris :

— Vous savez, me dit-il, je suis fonctionnaire, et, en Algérie, les fonctionnaires n'ont pas le droit d'avoir une opinion sur ces choses-là.

J'ai donc le regret de ne pouvoir le remercier ici que sous le voile mystérieux de l'anonymat.

Le Rummel

Je ne dispose que de quelques heures pour voir Constantine. M. R... me fait traverser la ville arabe, pittoresque dédale de rues qui vont s'arrêter au bord des précipices du Rummel.

Constantine est une ville très vivante et très mêlée. Européens et indigènes y vivent côte à côte, bien plus encore qu'à Alger. C'est très grouillant de costumes plus colorés que dans la capitale. Des juives coiffées de petites calottes pointues en pains de sucre, des soldats à foison, des Kabyles, des Tunisiens...

Nous faisons la visite traditionnelle du Rummel, gorges sombres et sauvages au fond desquelles roule un torrent boueux entraînant des chiens crevés aux ventres luisants et ballonnés, des cadavres d'ânes, de chèvres, de veaux... Au-dessus, âpres à la curée, planent et crient des éperviers, des vautours, des buses, des charognards de toutes sortes. De longues traînées brunâtres suintent du haut en bas des parois de rochers. Ce sont les égouts de la ville arabe dont on aperçoit les masures sur la crête. D'autres rochers sont recouverts d'épaisses couches de guano. Spectacle ignoble encore plus que sauvage... Et au milieu des gorges on nous réclame deux francs par tête pour voir ça... Un vrai coupe-gorge, c'est le cas de le dire.

Plus loin, nous remontons jusqu'à un pont où notre voiture nous attend, et par la route de la corniche nous allons à Sidi-Mécid, établissement thermal pittoresquement installé dans un ravin ombragé.

Dans le rocher à pic, de petites grottes naturelles et une autre creusée par les Romains forment de mystérieuses baignoires ; c'est là que les femmes indigènes ont coutume de venir faire des ablutions et leurs dévotions en y jetant des gâteaux de miel et en y égorgeant des poulets. A côté de cette installation primitive, une piscine entourée de cabines est réservée aux Européens. L'eau en est si fraîche et si limpide que nous ne pouvons résister à la tentation de prendre un bain.

Tout auprès, sous les arbres, dans ce site d'une fraîcheur exquise, une petite buvette nous convie à une limonade délicieuse...

Au sortir de Sidi-Mécid, un vrai Paradis, nous retombons sur le Rummel... J'allais dire en Enfer.

A notre gauche, se dresse une succession d'arches naturelles imposantes, gigantesques, creusées par les eaux, et qui relient de ponts cyclopéens la Kasba de Constantine à l'autre rive de ce Styx. Ces arches de près de cent mètres de hauteur, cette eau bouillonnante, fangeuse, roulant des cadavres, répandant une odeur putride, et qui semble vomie d'une dernière voûte, trou béant dont on n'aperçoit pas le fond, ces milliers d'oiseaux de proie qui tournoient en poussant des cris aigus répercutés par les parois des rochers à pic... tout cela n'aurait-il pas donné à Dante un cadre saisissant pour l'entrée de son Enfer?

Et vraiment, au fronton de cette dernière voûte, je cherchais des yeux si je ne voyais pas, gravée, l'inscription douloureuse :

Lasciate ogni speranza, voi ch'entrate.

L'Algérie du Colon

LE GRAND PATRON

(ÉTUDE DE MŒURS COLONIALES)

Le Grand Patron

I

Enfin M. Gutermann arriva. On n'attendait que lui pour se mettre à table. A son entrée, tous les fermiers, qui en étaient à leur troisième ou quatrième absinthe, s'approchèrent de lui respectueusement. Ce fut un feu roulant de : « Bonjour, monsieur Gutermann, comment vous portez-vous ? » « La santé est bonne, monsieur Gutermann ? » Et le nouveau venu répondait à tous avec un sourire bonasse : « Bonjour, mes amis... eh, ça ne va pas mal, ça va tout doucement ! »

— Et où est-il, ce bébé ? demanda-t-il à Keller, le maître de céans, un vieux fermier alsacien, qui, malgré vingt-trois ans de séjour en Afrique, avait conservé un fort accent d'au delà des Vosges.

Alors, une femme très jeune, blonde et pâlotte, la bru de Keller, apporta le bébé.

Gutermann s'écria :

— Ah ! le beau brin de fille, la luronne,

tout le portrait de sa maman ! Et il tapotait alternativement sur les joues de l'enfant et sur celles de la mère. — Tâchez que le prochain soit un garçon, au moins ; j'ai besoin de fermiers... Je n'ai pas pu assister au baptême, continua-t-il, j'étais ce matin à Boufarik... toujours les affaires... Ah ! ce n'est pas rose, allez, de courir après son argent... surtout avec ces Arbis ! Mais on n'est pas venu pour parler de ça. Allons, à table, mes enfants, puisque vous aviez l'air de m'attendre. Je me mettrai volontiers quelque chose sous la dent. Ah, à propos, Keller, n'oubliez pas mon cheval. Deux kilos d'orge, n'est-ce pas ?

— Une betite absinthe, mossié Gutermann ? Ch'ai là du bon Bernod...

— Non, merci, mon ami, vous savez que les apéritifs me coupent l'appétit.

La chambre où la table était dressée et qui, en temps ordinaire, servait de salle à manger et de salon, était froide et nue, telle qu'on en trouve dans toutes les fermes d'Algérie.

Pas de papiers peints, pas de tableaux, pas de tentures. En fait de mobilier, une table de sapin et des chaises. Deux petites fenêtres sans rideaux éclairaient des murs blanchis à la chaux. Au centre d'une des parois était accrochée une glace ternie, dans laquelle on pouvait à peine se voir, et à peu près en face, sans aucune symétrie, un portrait de Carnot en chromo dans un cadre doré.

Une nappe écrue, qui, par ses plis durs et rétifs, paraissait témoigner son étonnement d'avoir été tirée de l'armoire où elle dormait depuis bien des années, donnait un faux air de cérémonie à la table chargée de vaisselle dépareillée et de couverts en métal blanc usés et jaunis. Presque devant chaque assiette des litres de vin rouge dressaient leurs silhouettes vulgaires.

Une forte odeur d'anis, émanation écœurante de toutes les absinthes consommées, remplissait la salle. On aurait pu se croire dans quelque assommoir de la Villette.

Gutermann s'assit à la place d'honneur. Il était, en effet, le plus riche propriétaire de la contrée, possédant de neuf cents à mille hectares de terres cultivées et deux fois autant en friche. On l'appelait le « grand patron ». Auprès de lui prirent place Keller dont on venait de baptiser la petite-fille, Bruneau, Castelli, Vincent, Blumenfeld, Loretti, Ferrier, etc., tous ses fermiers ; il y avait trois Alsaciens, deux Corses, un Gascon, un Italien, deux Maltais, un Mahonais et un Suisse. A la table figuraient encore quelques dames, femmes des fermiers, le curé Grassot, un bon vivant, déposant volontiers la soutane, arrivant botté, éperonné, en veston, et enfin, en face du grand patron, un Belge, Mertens, vrai type de cerveau brûlé, mais que les fermiers traitaient avec une déférence marquée, car c'était un propriétaire.

A vrai dire, Mertens n'était pas plus à l'aise qu'eux. Ses terres, qu'il avait achetées grevées d'hypothèques, ne lui rapportaient pas de quoi payer le taux exorbitant des arrérages : 8, 10, 12 pour 100... Il vivait au jour le jour, et s'endettait dans l'attente chimérique de récoltes extraordinaires ou de quelque héritage imprévu.

La salle à manger étant trop petite pour contenir tous les invités, les plus jeunes avaient été relégués dans une chambre contiguë. Dans cette pièce, à part le lit, même pauvreté d'ameublement, même nudité de murailles. Pas de rideaux, pas de tentures. Seul, le portrait de Gambetta, une lithographie misérable, au papier sale et piqué, trouait la muraille blanche d'une tache grisâtre et vague.

Les jeunes Keller, parents du bébé ; le fils Bruneau et Mlle Castelli, Blumenfeld et une jeune dame qu'il donnait tantôt comme sa femme de ménage, tantôt comme sa femme tout court, s'attablèrent dans cette chambre, ainsi que quelques autres garçons et filles des environs.

On se mit à manger sans cérémonie. On passa des tranches de saucisson et des olives, puis deux énormes gigots qui furent engloutis en un clin d'œil. On buvait ce gros vin d'Algérie qui fait claquer les dents ; néanmoins c'était régal pour ces palais endurcis, et les bouteilles se vidaient.

— Fameux, votre vin, père Keller, dit Mertens sans sourciller ; je vous en souhaite d'aussi bon cette année. Vous viendrez goûter le mien, un de ces jours : il n'est pas mauvais non plus, savez-vous. Vous m'obligerez en m'apportant de vos légumes, je vous donnerai des olives tant que vous en voudrez.

L'argent étant rare dans ces contrées, la plupart des transactions s'y font par échange. Du fourrage contre des pommes de terre, du lait contre du pain, des tomates contre un sac de caroubes, un agneau contre la saillie d'un bourriquot. On se racontait même dans le pays que Mertens payait avec deux litres d'huile d'olive et un boisseau d'amandes les rendez-vous que lui accordait une jeune Arabe.

Après le gigot, il y eut un léger arrêt dans le service. Les fermiers parlèrent des récoltes : elles seraient mauvaises, très mauvaises... pires, si c'était possible, que les années précédentes. Peu de blé, point d'orge, presque pas de fourrage. Et du vin plus qu'il n'en faudrait, mais il se vendait si mal que ce n'était pas la peine de vendanger.

— Croyez-moi, monsieur Mertens, arrachez vos vignes et semez de l'orge, il n'y a plus que cela qui rapporte... et encore ! disait le père Bruneau en relevant ses moustaches.

Bruneau, un vrai Gascon, était paradoxal et brouillé avec l'arithmétique. Quand il citait des chiffres, il fallait toujours diviser par quatre, par cinq ou souvent même par dix, pour arriver au vrai.

— Moi, poursuivit-il, j'ai des amis à Bordeaux, je suis de ce pays-là et je leur vends mon vin directement à des prix raisonnables : cinquante francs l'hectolitre... mais vous, monsieur Mertens, qui vendez votre vin à des courtiers algériens, comment pouvez-vous vous en tirer ?

— Je ne m'en tire pas, répondit le colon, j'y perds... je l'ai vendu cinq francs l'hectolitre... mais peut-être d'ici à quelques années ça changera.

— Et pourquoi cela changerait-il ? En France, depuis qu'on a introduit les plants d'Amérique et reconstitué les vignes, il y a plus de vin qu'il n'en faut. Les nouveaux tarifs douaniers nous ont fermé les seuls débouchés qui nous restaient. Avec ça, les sauterelles, l'altise qu'il faut combattre, nous coûtent un argent fou... l'hectolitre nous revient à plus de dix francs !

— L'altise... je n'en ai pas encore vu. Ça est donc bien nuisible ?

— Té, je crois bien, mon cher monsieur, on voit bien que vous êtes neuf dans le pays. Rien de si coûteux à détruire. Cet insecte, qui arrive on ne sait d'où, une petite bête à bon Dieu aux ailes bleu vert, c'est une peste qui ruinera l'Algérie, si on ne parvient à l'exterminer.

On venait d'apporter du riz à la sauce tomate. Les conversations s'arrêtèrent, et l'on n'entendit plus qu'un bruit de fourchettes.

Le père Castelli jetait de temps à autre des regards inquiets vers la chambre des jeunes. Par l'embrasure de la porte, il voyait sa fille en conversation très suivie avec son voisin de table, le jeune Édouard Bruneau. Il fronçait le sourcil comme s'il craignait de voir une certaine intimité se créer entre les deux enfants.

Cinq ou six volailles étiques, tuées la veille au poulailler, firent ensuite leur entrée dans trois grands plats fumants.

Elles étaient découpées, et les membres pêle-mêle nageaient en une sauce brunâtre.

Les colons firent honneur à ce mets bizarre.

Au dessert, composé de fromage, de dattes, d'amandes fraîches et de cerises, on déboucha des bouteilles de vin vieux offertes par M. Gutermann. Les fermiers tour à tour placèrent leur petit éloge de ce vin, chacun renchérissant sur le voisin, l'un le comparant au Rouïba, l'autre au clos Fallet, même aux bordeaux français. Bruneau finit par déclarer que le Château-Margaux n'était que de la piquette à côté du Château-Gutermann.

Les têtes commençaient à s'allumer. Le curé se leva et porta un toast aux parents et grands-parents du bébé, sans oublier le Gouverneur général, le Pape et le Président de la République.

M. Gutermann prononça un discours pas trop mal tourné à l'adresse des jeunes gens. Il engageait les fils des autres fermiers à imiter l'exemple des Keller. « J'ai, disait-il, une ou deux autres terres en vue dans les environs ; mariez-vous et ayez des enfants, j'aurai, moi, des fermes à vous donner. Voyez-vous, nous autres Français, nous n'avons qu'un défaut, c'est de ne pas faire assez d'enfants. »

On applaudit beaucoup à cette péroraison, particulièrement le fils Bruneau et Eugénie Castelli.

Le grand-père Keller, tout à fait lancé, se

leva et porta un toast au grand patron : « On bourra dire tout le mal qu'on voudra de M. Gutermann, c'est notre père à tous. « N'est-ce bas lui qui nous brète son archent, qui nous brète son chebtel ? Sans lui nous n'aurions ni maison, ni terres, ni bétail. Sans lui nous serions bas ici, n'est-ce bas frai ? Foyons, faut être chuste bourtant. Five mossié Gutermann ! five mossié Gutermann ! »

Tout le monde, enthousiasmé, se leva pour trinquer avec le grand patron, et, au milieu de l'émoi général, le jeune Bruneau réussit à dérober un baiser à sa nouvelle amie, qui ne se rebiffa pas trop.

II

Après le repas, la jeunesse se mit à danser. Mertens raclait du violon, alternant avec un ouvrier italien qui jouait de l'accordéon.

Mertens est un petit bonhomme de chétive apparence, à la barbe rousse et inculte, au teint rougi par le soleil et les boissons plus ou moins alcooliques, au nez luisant et pointu. Sa tête disparaît presque sous un de ces vastes chapeaux de toile blanche qu'on appelle un trente hectares, un cinquante hectares, un cent hectares, selon la dimension des bords, lesquels correspondent, dit-on, à l'étendue des terres que possède l'homme qui en est affublé. Ainsi on dirait de la coiffure de Mertens : voilà un quarante hectares. Il porte constamment un lorgnon fumé attaché derrière la tête par une ficelle, et ne voit que d'un œil, encore guère plus loin que son nez. Avec ça, enjoué et aimable comme un Belge. Il ne *sait* pas se fâcher, et le bon vin lui *goûte*, même entre les repas. Fils de famille, il a fait quelques études, a été journaliste à Bruxelles, et s'est surtout occupé à manger avec des femmes l'héritage d'une tante — une centaine de mille francs. Après ces exploits précoces, sa famille lui ayant coupé les vivres, il a cherché ailleurs une soupape à son activité.

En sa qualité de rédacteur d'une feuille de chou de Bruxelles, il s'est cru des aptitudes toutes spéciales pour l'agriculture... et voilà pourquoi il est venu en Algérie. C'est du moins la seule explication plausible de son nouvel avatar.

Une fois trouvé son chemin de Damas, il s'est appliqué avec acharnement à sa vocation.

Debout dès l'aube, il travaille jusqu'à la nuit, conduit lui-même la charrue, arpente son territoire, donne la chasse aux chacals, surveille ses ouvriers, sa récolte. Dans les premiers temps ce fut dur... et que de méprises ! Ignorant les principes les plus élémentaires de l'agriculture, sachant à peine distinguer l'avoine du froment, il fit de cruelles expériences.

Bon, serviable et naïf, il fut exploité et berné plus d'une fois.

Mais il ne se découragea pas. Toujours enjoué, il cherchait à s'instruire, même à ses dépens... et en peu de temps il était devenu un agronome à peu près sortable.

Musicien passionné, il charmait ses loisirs à faire retentir les gorges de la Chiffa des éclats d'un cor de chasse, ou à faire danser les amis au son du violon.

Pendant la sauterie improvisée chez les Keller, les fermiers, entre eux, causaient fermages et exploitation. Seul le père Bruneau, encore très vert, dansait et s'amusait ferme, pinçant une taille par-ci, disant une gaillardise par-là. Ne se vantait-il pas, malgré sa moustache et ses cheveux blancs, de faire tourner la tête à toutes les jouvencelles à dix lieues à la ronde ?

Gutermann avait avec chacun quelque affaire à liquider. A l'un il proposait une terre à défricher, à un autre il offrait une récolte sur pied. Avec celui-ci il discutait une question de cheptel ; à celui-là, momentanément gêné, il promettait trois cents francs jusqu'aux vendanges.

Gutermann engagea la conversation avec Keller.

— Du courage, mon brave, lui dit-il en lui tapant sur l'épaule ; nous tâcherons de vous agrandir. Vous savez, fit-il en baissant la voix, votre voisin, l'ami Mertens, il n'est pas plus malin qu'un autre, malgré ses grands airs de propriétaire. Il est dans le pétrin. C'est des gens qui se figurent que, parce qu'ils ont su faire la noce à Paris, ils sauront faire de l'agriculture. Mais il commence à voir que c'est moins facile de semer l'orge que d'avaler cent mille francs avec des cocottes... J'ai été chez lui hier. Son orge ne pousse pas, son blé vient tout en herbe... pas de fourrage ; mieux que ça, il m'a emprunté deux cents francs... C'est la débâcle qui approche... Peut-être tiendra-t-il un ou deux ans, parce qu'il a des parents qui financent... mais il plongera... et je rachète... Ça serait une belle ferme pour votre fils, hein, père Keller ?

— Merci, monsieur Gutermann, fous êtes fraiment trop bon...

Le grand patron s'approcha ensuite de Mertens, en train de déguster du vin vieux entre deux airs de danse. Il lui dit :

— Vous m'avez demandé hier quelques

conseils au sujet de l'exploitation de votre domaine. J'ai réfléchi, cette nuit, et j'ai songé aux améliorations qu'il faudrait y apporter. Savez-vous ce que vous devriez faire, monsieur Mertens ? Plantez de la vigne sur votre terrain à droite de l'oued. C'est la meilleure exposition de tout le pays. Mais pas de la vigne ordinaire. Achetez de bons plants, fumez votre terrain, soignez la taille, la vendange, la mise en cave dans toutes les règles. Ne négligez rien, et vous aurez un vin excellent, dix fois meilleur encore que celui que vous buvez là. Qu'est-ce qui fait la dépréciation de nos vins ? C'est qu'ils sont de qualité inférieure. Tenez un vin de bonne qualité, un clos Mertens, et vous vendrez cela au prix que vous voudrez. Vous avez un terrain admirable. Allez de l'avant. Il faut de l'initiative, que diable ! Qui ne risque rien n'a rien. Avec du vin, mais du bon vin, bien traité, il y a une fortune immense à gagner en Algérie.

— Je n'ai pas de bonne cave.
— Construisez-en une.
— Et l'argent ?...
— Venez me voir un de ces jours, nous causerons de cela. Si je peux vous avancer quelque chose, je le ferai avec plaisir. Les colons doivent se soutenir entre eux contre les fermiers qui les exploitent.

Et les deux propriétaires se séparèrent avec un léger clignement d'yeux significatif. Mertens croyait avoir rencontré un ami, Gutermann était sûr d'avoir trouvé une victime.

Gutermann arrêta ensuite Bruneau :

— J'ai une bonne nouvelle à vous annoncer, Bruneau. Votre voisin, Abdurrhaman ben Mohammed, je le tiens. Je lui ai prêté six cents francs, l'échéance est dans deux mois, je sais qu'il ne pourra pas payer. Dans trois mois au plus tard, tous ses terrains seront à moi. Si vous les voulez, je vous donnerai la préférence.

Bruneau n'écoutait que d'une oreille. Il aurait bien voulu s'esquiver pour danser une valse ou une polka. Il connaissait, du reste, trop bien Gutermann pour fonder des espérances sérieuses sur ses offres brillantes.

Singulier compagnon que cet homme aux allures affables, à la bonne franquette. Paraissant toujours prêt à vous tendre la perche, vous aidant de ses conseils et de son argent, vous réconfortant par un mot aimable, par une promesse... Un bon garçon sans doute ?...

A peine lâché par Gutermann, le père Bruneau se dirigeait vers la salle de danse, où il se disposait à faire valser une petite servante grassouillette, lorsqu'il se sentit pris par le bras et entraîné hors de la maison par Castelli.

Brusquement, Castelli déclara qu'il se trouvait gêné, et réclama d'un ton impérieux les dix mille francs que Bruneau lui devait depuis plusieurs années, au temps où tous deux étaient encore des propriétaires.

La discussion fut longue et animée. Bruneau affirmait qu'il était désolé, donnait sa parole d'honneur qu'il n'avait pas le sou. « Vous savez bien, disait-il, que Gutermann m'a prêté de l'argent et que je ne peux pas le lui rendre... Je ne verrai pas un sou de mes récoltes, c'est le patron qui empoche tout... »

Castelli s'excitait en parlant.

— Je sais bien que vous n'avez plus le sou ! Parbleu, qui est-ce qui en a en Algérie ? Deux ou trois usuriers, et c'est tout... Quant à nous qui travaillons... qui suons... Ah ! par la Madone, voyez-vous, c'est dégoûtant ! Pourquoi ai-je quitté la Corse pour venir dans ce sale pays... Et puis, dites à votre fils qu'il ne se donne pas la peine de courtiser ma fille... il ne l'aura pas avant que vous m'ayez rendu mes dix mille francs... Allons, père Bruneau, trouvez cet argent... trouvez-le, il me le faut ou je suis un homme perdu... par la Madone ! c'est...

— Ne craignez rien, Castelli, nous arrangerons cela. Si la vendange est bonne, je vous payerai un fort acompte en septembre. Mais prenez patience. Nous sommes tous dans le même cas avec ce Gutermann qui nous tond la laine sur le dos. Du reste, il ne faut pas nous faire d'illusion ; Gutermann nous vole, et nous nous laissons tondre, oui, comme des moutons. C'est lui qui compte nos sacs de blé, qui pèse nos récoltes. Et lequel d'entre nous oserait contrôler ? Figurez-vous que l'autre jour, à l'hôtel d'Orient, nous étions quelques-uns à déjeuner lorsque le gros Fournier, vous savez, le forestier de la Chiffa, affirma qu'il ne pesait que soixante-deux kilos. Nous nous récriâmes tous. « Oui, je vous donne ma parole, je me suis pesé hier, soixante-deux kilos. Il est vrai, ajouta-t-il, que c'était sur la bascule à Gutermann. » Et ce fut un rire général.

— Eh bien, moi, reprit Castelli, je ne ris pas. Je le sais parbleu bien, que Gutermann est un voleur, mais il n'est pas le seul. En tous cas, monsieur Bruneau, faites bien la leçon à votre fils. Qu'il laisse les amourettes avec Eugénie. Ce qui est dit est dit, je ne suis pas Corse pour rien, par la Madone !

— Vous pouvez compter sur moi, Castelli, vous avez ma parole d'honneur !

Gutermann, le premier, donna le signal du départ. Tout le monde vint lui serrer la main.

— Bon retour, monsieur Gutermann. Au revoir.

— Bonsoir, mes amis, bonsoir, et amusez-vous bien...

— Venez-vous avec moi, monsieur Mertens, et vous, monsieur Grassot ? interrogea Gutermann, tandis qu'il jetait un coup d'œil rapide sur la voiture et le harnais pour s'assurer que tout était bien en ordre.

Mertens accepta, c'était à peu près sa route.

Le curé s'excusa, devant faire une visite dans une autre ferme.

Le curé eut cependant le temps de glisser ces mots à l'oreille du Belge :

— Méfiez-vous, mon garçon. Si le patron vous offre de l'argent, refusez. S'il vous conseille quelque chose, faites le contraire.

— Bonsoir, mes amis..., répéta le grand patron, en montant dans sa charrette anglaise, et d'un léger coup de fouet il enveloppa sa jument grise, qui prit un petit trot régulier, malgré les cahotements de la voiture dans les ornières du chemin.

Bientôt après, Castelli et sa fille partirent d'un côté, tandis que les Bruneau s'en allaient de l'autre.

Les plus jeunes dansèrent encore. On vida toutes les bouteilles de Gutermann dont on continua à dire autant de mal qu'on avait dit de bien de son vin.

III

Tandis que les Castelli regagnaient à pied leur domicile et que le père mettait en garde sa fille contre les séductions du jeune Édouard, les Bruneau, commodément installés dans une calèche payée avec l'argent de leur trop confiant voisin, filaient dans la direction de Blida. Tous deux avaient allumé leur pipe, et pendant quelque temps ils restèrent silencieux. Le vieux fermier, roué, matois, réfléchissait à l'entretien qu'il venait d'avoir avec son créancier et cherchait une solution. Il était d'autant plus navré de cette dette, qu'il avait maintenant d'assez fortes économies cachées en lieu sûr. Mais il ne pouvait s'établir pour son compte, de crainte que Castelli ne le fît saisir. Tant qu'il n'était que fermier de Gutermann, Castelli ne pouvait rien contre lui.

Ils passèrent devant leur maison sans s'arrêter.

— Poussons jusqu'à Blida, dit Bruneau, j'ai envie de m'amuser un peu ce soir.

Quant à Édouard, encore tout enflammé de sa juvénile passion, il rêvait béatement. Il était comme fasciné par ces immenses étendues de la Mitidja, dont la luxuriante culture lui donnait une sorte de griserie. Avec sa petite Eugénie pour reine, il se voyait déjà le roi de tout le pays. Son regard errait sur les champs de blé interminables que la brise faisait onduler comme les vagues de la mer. Çà et là des fermes émergeaient ainsi que des îlots. Presque toutes ces fermes, aussi loin que la vue pouvait s'étendre, appartenaient à Gutermann. De verts buissons de lentisques, quelques groupes d'eucalyptus, la grise silhouette d'une rangée d'oliviers, des prairies toutes rouges de coquelicots, mettaient des taches dans l'uniformité jaune des champs.

A droite, l'Atlas détachait en sombre sa masse bleue et indécise dans les colorations du soleil couchant. C'était à peine si les Bruneau distinguaient, tout près d'eux, l'ouverture béante des gorges de la Chiffa, tandis qu'un peu plus loin la crête de l'Abd-el-Kader dessinait sur le ciel les fines découpures de ses forêts de cèdres.

De l'autre côté de la Mitidja, une longue chaîne de collines basses, où l'on apercevait encore la coupole colossale du Tombeau de la Chrétienne, masquait la mer.

La petite voiture roulait maintenant au grand trot sur la belle route qui va de Miliana à Blida.

De temps à autre, Édouard jetait un regard en arrière, comme pour chercher dans les lointains crépusculaires la vision de celle qu'il aimait. C'était une tendresse vague et troublante qui s'emparait de lui et lui faisait éprouver des sensations inconnues.

Son père devina ses pensées et jugea le moment venu pour jeter son seau d'eau froide sur ce commencement d'incendie. En quelques mots, il mit Édouard au courant de la situation.

— Maintenant, dit-il, en manière de moralité, il y a deux partis à prendre : ou renoncer à elle entièrement, ce qui serait peut-être le plus sage ; ou bien continuer à la voir à l'insu de son père, et dans ce cas, pousser l'affaire jusqu'au bout, la séduire et l'enlever. La petite a l'air assez allumé, et je crois l'entreprise facile. En tout cas, si c'était moi, je répondrais du succès. Mais surtout ne t'emballe pas, garde ton sang-froid, reste maître de toi. Tu as déjà vingt ans, tu n'es plus à l'âge où l'on fait du sentiment. Les affaires avant tout. Une fois Eugénie enlevée, et après la première fureur, ce vieux Corse grincheux viendra à composition. Pour sauver l'honneur de sa fille il consentira au mariage, et il ne reverra pas de sitôt la couleur de ses dix mille francs.

Édouard ne répondait pas. Il crut s'être éveillé au commencement d'un beau rêve. Un reste d'innocence peut-être lui fit trouver d'abord la proposition peu délicate, mais l'instinct vicieux qu'il avait sûrement hérité de son père lui conseillait de tenter l'aventure. De toute façon il y voyait un avantage. Avant peu il aurait une femme ou, au moins, une charmante maîtresse.

— Ça ne serait peut-être pas plus bête que cela, fit-il d'un air crâne. Elle en tient pour moi, et je crois bien que je ferais d'elle ce que je voudrais.

A ce moment, les lumières de Blida apparurent à travers les bois d'orangers et d'oliviers. Dix minutes plus tard, Bruneau père et fils descendaient à l'hôtel d'Orient, où, non sans avoir préalablement absorbé une ou deux absinthes, ils s'offraient un plantureux dîner.

Après quoi, se sentant d'humeur à passer une bonne soirée, ils commencèrent ensemble le tour des lieux de plaisir.

En allant à Blida, le père Bruneau n'avait pas seulement l'intention de se divertir. Il voulait trouver un dérivatif à l'emballement de son fils et calmer sa passion naissante, en lui procurant quelques distractions de haut goût. Après une nuit de fête, le jeune Édouard, pensait-il, se plierait mieux à sa volonté et à ses calculs intéressés.

Ils entrèrent d'abord dans un café-concert

maure, mais déjà fortement européanisé. Une grande salle oblongue aux murs blanchis à la chaux et éclairée au gaz. Dans le fond, une longue estrade, sur laquelle sont alignées huit à dix Mauresques qui frappent en cadence sur des tambourins. De temps à autre, l'une d'entre elles se lève pour esquisser une danse du ventre. Un jeune pianiste — un lauréat du Conservatoire, sans doute — accompagne la ritournelle de l'orchestre arabe en l'agrémentant de savantes fioritures. Les femmes ont des attitudes fatiguées, des yeux langoureux, des figures respirant l'ennui et l'indolence. Bien que plusieurs soient belles, c'est à peine si le public prend garde à leurs exercices chorégraphiques. Il y a de tout dans ce public hétérogène. Le long des murs, sur une large banquette, des Arabes en burnous blancs sont accroupis. Les uns, inertes, une tasse de café à la main, restent là rêvassant. A quoi? C'est ce que nul sans doute ne saura jamais. Peut-être à la loi de Mahomet ou à d'anciennes victoires, à la gloire déchue de leur race. D'autres, plus philosophes, jouent aux cartes, aux dames, ou aspirent de larges bouffées de kif.

Au milieu de la salle, à des tables à l'européenne, sur de banales chaises cannées sont assis des spectateurs moins primitifs. Ce sont des spahis, des tirailleurs indigènes, des juifs dans leurs costumes sombres, des colons aux mines dures et hâlées, et quelques touristes anglais ou français sous la conduite d'un cicerone arabe. Tout ce monde, indifférent au spectacle, cause, fume, boit de l'eau de seltz, du café, ou sirote de vagues limonades.

Pour tuer le temps, les Bruneau visitèrent encore d'autres établissements du même genre qu'ils avaient déjà vus vingt fois, puis ils parcoururent le quartier maure. Des rues étroites, mal éclairées par de rares becs de gaz, des maisons basses presque sans fenêtres. En passant, dans l'obscurité de la rue, ils voyaient par les portes ouvertes des cours peintes en bleu de ciel où des femmes, des jeunes filles se tenaient accroupies sur des nattes à la lueur de quelques bougies, attendant les visiteurs : le plus souvent des soldats ou des colons ivres.

Ils pénétrèrent dans plusieurs de ces cours, et, jusqu'au matin, ils y burent le café avec des Mauresques...

IV

Quelques semaines plus tard, Eugénie Castelli se laissait enlever par Édouard, et les deux amants disparurent de la contrée.

Le père Bruneau avait été tenu au courant de tout. C'était lui qui avait en quelque sorte ourdi le complot, en avait facilité l'exécution et avait fourni les fonds pour la fuite. Cependant, lorsqu'on vint lui annoncer la nouvelle, il feignit à la fois une grande surprise et la plus violente colère. Il se rendit chez les fermiers voisins, demandant s'ils n'avaient pas vu son fils, et se refusant à croire à cet enlèvement. Il parlait même de brûler la cervelle à ce misérable séducteur, et poussa le cynisme jusqu'à aller voir Castelli qu'il trouva alité, pris d'un terrible accès de goutte, après les émotions d'une nuit passée à chercher sa fille.

Le Méridional jouait la comédie avec une telle conviction, qu'il commençait à douter lui-même de l'enlèvement. Castelli fut obligé de lui donner des preuves. Il cita les noms de tel et tel colons qui avaient vu les deux amants prenant le train ensemble à la Chiffa.

Bruneau voulut bien se laisser persuader et s'écria :

— Je vais courir à leur recherche. Et, si c'est ainsi, je vous ramènerai votre fille. D'ailleurs, son honneur est sauf, je vous en donne ma parole. Mon fils est un jeune fou, mais incapable d'une mauvaise action. Il aura respecté votre fille, soyez-en certain, père Castelli. Nous vous la ramènerons... vous avez ma parole d'honneur.

Sous prétexte de chercher les fugitifs, Bruneau passa plusieurs jours à Blida et à Alger, tandis qu'il savait les deux amants tranquillement installés à Ménerville, une petite ville sur la ligne de Constantine. Il ne perdit point sa peine à courir après ceux qu'il était sûr de ne pas rencontrer, mais épuisa en joyeuse compagnie toutes les distractions qu'offraient Blida et la capitale.

Après deux ou trois semaines d'absence, le père Bruneau, revenu à la ferme, avait écrit à son fils de lui envoyer une lettre qu'il pût montrer à Castelli. Par retour du courrier, il reçut les lignes suivantes :

« Cher père,

« Je viens te demander pardon de t'avoir désobéi, mais l'amour est plus fort que tout, et nous nous aimons tant, Eugénie et moi ! Veux-tu aller chez M. Castelli le prier, à genoux, s'il le faut, de donner son consentement au mariage ? C'est lui seul qui peut sauver l'honneur de sa fille, perdu par notre folle imprudence.

« Adieu, cher père, je te supplie de nous pardonner.

« Ton fils bien repentant, « Édouard. »

— Brave garçon, fit Bruneau en lisant cette lettre, je n'aurais pas fait mieux. Et sans tarder, il alla porter ce message de paix à Castelli.

Castelli était un homme honnête, aigri par une série de malheurs. Il avait quitté la Corse pour des raisons politiques. Bonapartiste militant et maire de son village, il avait été remplacé une dizaine d'années auparavant par un maire républicain qui lui chercha de mauvaises querelles. Dégoûté de la politique, il vendit ses terres et vint s'établir en Algérie.

Il eut la malencontreuse idée de prêter dix mille francs à Bruneau, alléché par les gros intérêts, 10 p. 100, que celui-ci s'était engagé à lui payer ; mais il ne les toucha que la première année. Depuis lors, il n'avait revu ni capital ni intérêts. Ayant perdu le reste de sa fortune dans une spéculation, il se vit contraint de devenir un simple fermier de Gutermann.

Tous les malheurs s'abattaient sur sa tête. Après l'abandon de sa fille, il se trouva seul, malade, aux soins d'une femme de ménage. Il ne pouvait surveiller les travaux de la ferme. Les ouvriers gâchaient l'ouvrage, les Arabes le volaient, et il se demandait s'il pourrait même payer son fermage.

Et comme pour raviver ses chagrins par des regrets inutiles, une occasion superbe, unique de refaire sa fortune lui échappait, faute des dix mille francs que Brunéau ne lui rendait pas ! Les Gaillard lui avaient offert leur propriété, « La Joliette », pour six mille francs comptant, et quatre mille en deux ans.

Une lamentable histoire aussi, celle des Gaillard.

Ils étaient arrivés à Alger, il y avait quelques mois, avec plus de quarante mille francs.

Débarquant sans connaissance aucune des mœurs et des conditions agronomiques du pays, et ayant comme tous les colons cette hâte, bien compréhensible, mais toujours funeste, de donner immédiatement un champ d'exploitation à leur activité, ils se laissèrent prendre, ainsi que beaucoup d'autres, aux pièges grossiers tendus par les chevaliers d'industrie à la naïveté des nouveaux débarqués, terribles brimades infligées aux *bleus*.

Comme ils se promenaient un peu ahuris sur les quais d'Alger, ils furent abordés par un Arabe de distinction, beau parleur, sachant bien le français, qui, après quelques préambules sur les agréments et les distractions de la capitale, leur parla d'une propriété, *El Kenine*, qu'il avait à vendre aux environs de Palestro.

Ils l'écoutèrent ; ses offres leur parurent avantageuses, et ils se rendirent avec lui sur les lieux. *El Kenine* (le *lapin* en kabyle) était une petite ferme presque neuve, abandonnée à la garde d'une famille kabyle, ne sachant pas un mot de français.

L'Arabe leur fit voir tout en détail. La contrée leur plut, la propriété les enchanta.

La maison était bien construite, les écuries et les étables spacieuses, une petite source d'eau fraîche jaillissait à quelques pas de là sous un bosquet d'eucalyptus. Il y avait une petite forêt de chênes-liège, des oliviers, quatre hectares de belles vignes, des champs ensemencés. De la terrasse, la vue s'étendait au loin sur la vallée et le massif du Djurdjura.

Le marché fut conclu séance tenante. Rentrés à Alger, les acquéreurs passèrent l'acte de vente, et payèrent un premier acompte de huit mille francs.

Mais quand ils arrivèrent avec tout leur mobilier pour s'installer, ils apprirent que *El Kenine* non seulement n'était pas à vendre, mais n'appartenait aucunement à l'Arabe, — un escroc, — lequel avait disparu avec les huit mille francs.

Ce début malheureux rendit les braves gens plus circonspects. Ils parcoururent la Mitidja, allant de ville en ville, de village en village, prenant des renseignements, se défiant des Arabes, mais prêtant d'autant plus de créance aux paroles des colons.

Le hasard — ou la fatalité — les mit en relations avec un notaire de Blida, qui leur parla de Gutermann comme d'un homme de toute probité et qui devait avoir quelques propriétés à vendre.

Abouchés par ledit notaire avec le grand patron, celui-ci leur vendit pour vingt-cinq mille francs une petite campagne, en plein rapport, appelée « La Joliette ».

Cependant de nouvelles déceptions les attendaient.

Ils perdirent un procès pour des contestations de bornage ; le notaire leur demanda des honoraires exagérés. Ils s'aperçurent, lorsqu'ils voulurent emménager, que la maison presque neuve menaçait ruine, et ils durent y faire d'importantes réparations. Enfin, tout étant prêt, ils achetèrent des bœufs, des vaches, un cheval au marché de Boufarick, et vinrent s'installer dans leur nouvelle demeure.

Voulant bien faire les choses, ils invitèrent les colons du voisinage à pendre avec eux la crémaillère. Ce fut une soirée très gaie. On but beaucoup, on dansa toute la nuit, et les voisins ne partirent qu'au jour.

Hélas ! le matin, les nouveaux colons trouvèrent leur étable vide.

Tout le bétail, quatre bœufs, six vaches, un

cheval, tout avait été volé, pendant la nuit, par les Arabes.

Cette fois, c'en était trop. Entièrement découragés et dégoûtés de l'Algérie, les Gaillard voulurent partir immédiatement et prièrent Gutermann de leur racheter leur propriété. Sans vergogne, Gutermann leur en offrit cinq mille francs. Cinq mille ! une propriété que, trois mois auparavant, il leur avait vendue vingt-cinq mille et à laquelle ils avaient fait pour deux mille francs de réparations ! C'était monstrueux. Ils refusèrent, cherchèrent d'autres acquéreurs dans les environs, s'adressèrent aux Keller, aux Vincent, aux Roux... à Castelli... Ils la cédaient pour dix mille francs, tant ils avaient hâte de quitter le pays. Mais personne n'avait d'argent comptant. Ils se résignèrent à vendre la Joliette aux enchères, et Gutermann en redevint possesseur pour cinq mille francs.

Castelli venait justement d'apprendre le résultat de cette vente lorsque le père Bruneau se présenta chez lui. Aussi l'entrevue manqua-t-elle absolument de cordialité. Tandis que le Gascon déployait tous ses talents oratoires et sa verve persuasive pour dorer la pilule à ce père désespéré, celui-ci le heurtait par des paroles brutales.

« Je ne veux pas passer pour un benêt...

Je ne consentirai que lorsque j'aurai mes dix mille francs... Ma fille est partie comme une gueuse, vous pouvez bien la garder... Vous ne valez pas mieux que votre fils... C'est un coup monté... Ah! pourquoi ne suis-je pas resté en Corse? Non, il n'y a qu'ici qu'on voie choses pareilles... Non, par la Madone, jamais en Corse chose semblable ne serait arrivée... Oui, vous pouvez la garder, ma fille! voleurs que vous êtes! Par la Madone, jamais elle ne remettra les pieds chez moi. »

Et les flots d'éloquence onctueuse de la Garonne se brisaient en vain contre le roc corse.

Castelli s'échauffait de plus en plus. Tout en parlant, il regardait de temps à autre du coin de son œil gris un revolver posé sur la table. Ses gestes devenaient plus menaçants, ses paroles plus brèves, sa voix plus saccadée, plus dure.

Aussi le vieux renard, désireux d'éviter tout corps à corps, jugea-t-il prudent de battre en retraite, bien heureux de s'en tirer à si bon compte.

Cependant le moment de la moisson approchait. Bruneau avait besoin de son fils. Il le rappela, et les deux amoureux vinrent s'installer chez lui.

On allait être obligé de travailler ferme. Les Arabes des gourbis environnants offraient leurs services. Les Kabyles, avec leurs gandouras déguenillées, leurs burnous plus noirs que blancs, leurs guêtres en haillons, leurs sandales en peau de chèvre, allaient par longues bandes, de métairies en métairies, la faux sur l'épaule ou la faucille à la main, demandant du travail. Il fallait les embaucher et les surveiller. L'enrôlement était une besogne ardue et délicate. Les uns, bons ouvriers, possédant une faux à l'européenne, exigeaient des salaires exorbitants, — 4 ou 5 francs par jour. D'autres, plus modestes, n'ayant souvent que la petite faucille arabe, se contentaient de 2 francs ou 1 fr. 50.

Mais ils étaient, en général, paresseux et voleurs, et donnaient du fil à retordre à leurs gardiens. Il s'agissait d'avoir du coup d'œil pour choisir, et c'était aux Kabyles des montagnes que les colons donnaient toujours la préférence. Mais encore ne pouvait-on se départir vis-à-vis d'eux d'une surveillance de tous les instants, et c'était en vérité un rude labeur que de moissonner ces immenses plaines dorées qui s'étendaient à perte de vue.

Aussi l'arrivée des deux fugitifs fut-elle bien accueillie : ils apportaient un concours appréciable. Le père Bruneau était enchanté de sa « belle-fille » qui aidait la servante aux soins du ménage, tandis que lui et son fils, un revolver dans la poche et une matraque à la main, stimulaient le zèle des moissonneurs enrôlés sous leurs ordres.

La ferme Bruneau, une des plus vieilles constructions du pays, était d'un type un peu différent des autres. C'était une concession donnée, dans les premières années de l'occupation, à un major retraité, blessé et amputé d'un bras. Presque seul alors, dans cette contrée encore insoumise et qui était le foyer de fréquentes révoltes, cet officier, devenu colon par goût, avait édifié sa maison au sommet d'un coteau presque comme une forteresse : un *bordj*, selon l'expression consacrée en Algérie. Une enceinte de murs en pierre très épais, garnis de meurtrières, formait les trois côtés d'une grande cour, tandis que la quatrième face du quadrilatère était occupée par la maison d'habitation. A l'angle nord du mur d'enceinte, une tour carrée, à la fois poste d'observation et point de vue, donnait à l'édifice un certain aspect moyenâgeux.

Dans l'intérieur de la cour, adossés au mur d'enceinte, de longs hangars servaient d'étable, d'écurie et de remise.

Le major vécut là pendant plus de trente ans avec sa famille, dans une situation sinon prospère, du moins aisée. Puis les mauvaises années vinrent. L'ancien soldat laboureur — tel que l'avait rêvé Bugeaud — fut forcé de vendre, et ce fut Gutermann qui racheta. Ce qui fait la misère des uns fait la richesse des autres. C'est ainsi que cet antique domaine, un des souvenirs les plus anciens et les plus respectables de cette glorieuse conquête, devint la ferme de Bruneau, l'une des créatures de Gutermann, l'homme de paille à qui celui-ci confiait les besognes par trop suspectes pour qu'il voulût lui-même y mettre ostensiblement les mains.

On retrouvait encore çà et là dans cette maison que l'on continuait à appeler le « bordj » des vestiges d'une grande prospérité. Il y restait quelques vieux meubles d'une certaine valeur artistique. Les murs conservaient des lambeaux de papiers peints. Deux ou trois bonnes gravures, reproductions de Boucher et de Watteau, trahissaient les tendances esthétiques de l'ancien propriétaire.

Au bas de l'une des parois, on pouvait voir les traces d'un grand trou qui avait dû être rebouché à une époque plutôt récente. En effet, du temps du major, les Arabes, ayant eu connaissance d'une panoplie accrochée à la muraille, pratiquèrent un trou dans la maçonnerie pendant la nuit, tandis que le maître de la maison dormait dans la chambre voisine, et raflèrent toutes les armes. Ce procédé, très en usage chez les indigènes, offre bien pour eux quelque danger ; aussi les voleurs, lorsqu'ils ont fini de percer le mur, introduisent-ils dans l'ouverture une sorte de mannequin enveloppé d'un burnous, avant de s'y glisser eux-mêmes. Éventés, le mannequin est là pour recevoir les premiers coups, et, l'alerte ainsi donnée, ils s'enfuient sans qu'il soit possible de les atteindre.

Mais, partout aussi, dans le bordj, la vulgarité d'habitudes des nouveaux habitants a marqué son empreinte. Le salon a pris l'aspect d'une salle d'auberge, le pavillon destiné à loger les hôtes a été transformé en atelier de menuiserie. La terrasse, d'où la vue est superbe, est abandonnée et délabrée. Auprès d'une pittoresque *noria* que fait tourner un cheval étique, l'ancien jardin du major, avec ses arbres rares, ses grenadiers, ses parterres de fleurs, est à peu près envahi par des plates-bandes de choux, de haricots, d'épinards et par les mauvaises herbes.

Si Bruneau n'est pas artiste, en revanche il aime les animaux. La cour — sans parler des poules, des pigeons, des lapins — est toute une ménagerie. A côté de la porte, un grand singe, pris dans les gorges de la Chiffa, reçoit les arrivants avec des grimaces méchantes ; attaché à un poteau, un chacal tourne en rond d'un air sournois. Dans deux cages, un lynx et un aigle roulent des yeux fulgurants. Plusieurs chiens kabyles avec leur poil dur, blanc tacheté de roux, toujours aboyant ou montrant leurs crocs, sont là tout prêts à sauter sur l'imprudent visiteur.

Gutermann venait souvent chez les Bruneau. Il y trouvait un intérieur sinon élégant, du moins plus confortable que chez les autres fermiers. Et puis il aimait à entendre les fanfaronnades à perte de vue du Gascon. C'était le seul de ses voisins qui eût un peu de conversation, dégrossi tout à fait par les voyages et de longs séjours dans les villes.

Ils étaient presque une paire d'amis, mais, malgré son exubérance, Bruneau savait fort bien conserver la distance qui le séparait du grand patron.

V

Pendant ces longues et chaudes journées de juin, tandis que les Bruneau étaient aux champs, Gutermann arrivait parfois au bordj et se trouvait seul avec la fille de Castelli.

Eugénie, petite brunette sémillante et rieuse, était d'un caractère ardent et indépendant. Elle avait pris feu aux premières paroles d'amour qu'elle avait entendues, et, n'écoutant que son jeune cœur inexpérimenté, avait cédé à Édouard, persuadée que son père consentirait à leur mariage.

Par d'adroites cajoleries, Gutermann parvint facilement à capter la confiance de cette naïve enfant. Elle le trouvait bon garçon et ne voulait pas croire à tout le mal qu'elle avait entendu dire sur son compte.

Bientôt ces rencontres, d'abord fortuites, devinrent intentionnelles, du moins de la part du grand patron, qui s'était follement épris d'Eugénie.

Qui est ce Gutermann ? D'où vient-il ?

A le voir, cet homme devant qui toutes les volontés s'effacent, qui est obéi, craint et détesté dans toute la contrée, vous a l'air le plus honorable du monde.

Grand, le visage ovale, un teint de bébé rose, les yeux ronds, mais point durs, la bouche plutôt lippue, Gutermann n'a rien qui trahisse l'homme d'affaires. Il approche de la cinquantaine, et ses cheveux blonds à peine argentés encadrent sa tête de boucles frisottantes qui lui donnent un air de candeur. Cependant ses dehors ne supportent pas un examen un peu serré. Sous ces manières bonasses l'observateur devine une arrière-pensée, le piège tendu... Son regard surtout — le miroir de l'âme — finit par le démasquer et dément bien vite la première impression de loyale bonhomie qui semble se dégager de sa physionomie complexe. Dès qu'il se met à causer d'affaires, comme s'il avait peur de laisser échapper quelque secret, il voile son regard d'un nimbe mystérieux. Son œil bleu et vif devient vague flou et impénétrable. Lorsqu'il vous parle, il paraît toujours songer à autre chose, et pourtant il ne dit jamais que ce qu'il veut dire... Vous pouvez le questionner, le disséquer, jamais le grand patron ne découvrira le fond de sa pensée.

De principes, il n'en a pas, sauf peut-être celui de ne prêter de l'argent que lorsque cela peut lui être utile pour ses combinaisons ou lui rapporter de gros intérêts.

C'était chez lui qu'il fallait le voir, dans son cabinet de travail dont toutes les parois étaient garnies de tablettes à casiers. Assis sur un escabeau devant son secrétaire chargé de papiers, une plume d'oie sur l'oreille, tandis que vingt solliciteurs stationnaient dans l'antichambre, il ne se départait pas de son calme. Avait-il besoin d'un renseignement, il jetait un regard circulaire sur ses casiers et, du premier coup, mettait la main sur les documents qu'il cherchait. Aisément on l'aurait pris pour le type du parfait notaire.

Un certain mystère planait sur son origine. A l'entendre, il était Français de naissance, Français de père en fils depuis plusieurs générations. Il affirmait être né à Paris.

Dans son entourage, on le tenait pour un Alsacien, et d'aucuns assuraient qu'il était juif.

D'autres, qui voulaient être mieux renseignés, le disaient Prussien, un « Prussien » du grand-duché de Bade. Ce qui est certain, c'est qu'il était arrivé presque sans le sou sur le sol africain. Garçon de cercle à Alger, il s'y était vite fait une pelote assez rondelette en prêtant à la petite semaine.

Un jour, il vint dans la Mitidja pour toucher le montant d'une créance. Le débiteur, un colon amateur qui passait la plupart de son temps dans les tripots d'Alger, ne put le payer. La propriété du colon mise aux enchères, et aucun acquéreur sérieux ne s'étant présenté, ce fut Gutermann qui en devint possesseur.

Dès lors, il resta dans la contrée et continua à opérer selon les mêmes principes, prêtant sur hypothèque à ses voisins à des taux exagérés, 10, 12, 15 pour 100; prêtant aussi aux Arabes... Et, toujours par voie de saisie, il s'arrondissait aux dépens de ses débiteurs. Il avait un flair extraordinaire pour dénicher les bonnes affaires, donner le coup de grâce au colon malheureux en lui prêtant un ou deux milliers de francs, dépouillant les Arabes de leurs terres pour quelques centaines de francs. Il ruinait les gens tout en ayant l'air de leur rendre service.

Il était ainsi devenu propriétaire de terrains immenses, en plein rapport, et qu'on estimait à deux millions au bas mot. Il affermait ses domaines à de malheureux fermiers qu'il pressurait jusqu'aux moelles.

Absorbé par ses occupations, il avait négligé une chose, l'amour ; et il se trouvait tout à coup sur le seuil de la vieillesse sans avoir eu le temps d'aimer.

Faire la conquête de la fiancée d'Édouard, comme on appelait Eugénie, qui, au début d'une première passion, était encore très amoureuse de son jeune séducteur, semblait une entreprise difficile. Gutermann, l'homme à qui jusqu'ici tout avait réussi, ne douta pas du succès.

Y arriver par les sentiments, il n'y songea même pas. Il avait de meilleurs atouts dans son jeu : sa fortune, avec le prestige qui accompagne partout l'argent, et le sort de Castelli et des Bruneau qu'il tenait entre ses mains.

Plusieurs jours de suite, il vint aux heures

où il était sûr de la rencontrer seule, et par son amabilité et son enjouement sut d'emblée se faire bien voir. Il causait avec elle sur un ton vaguement paternel et bon enfant, l'appelait « son petit », l'embrassait sur les joues en arrivant et en partant. Jamais, d'ailleurs, il ne se présentait à elle les mains vides.

Un jour c'était un bouquet ou des fruits, un autre jour une bouteille de chartreuse, un éventail. Il lui rapporta même d'Alger une belle broche en or garnie de superbes *simili*.

Quelquefois il s'invitait le soir à dîner ; mais, dans ce cas, il arrivait avec sa voiture bondée de provisions, de quoi nourrir la famille Bruneau pendant plusieurs jours. Des gigots, des lapins, des corbeilles de tomates, des bananes, du fromage et des bouteilles de vieux vin... C'était sa part du pique-nique, disait-il.

Les Bruneau étaient enchantés, particulièrement le père, qui commençait à voir clair et espérait tirer un bon parti de la situation.

Gutermann, se jugeant suffisamment entré dans l'intimité de la jeune fille, démasqua alors ses batteries. Il eut avec elle un tête-à-tête sérieux. Il lui expliqua par des chiffres précis l'insolvabilité de son père et l'état non moins précaire des affaires de la famille

Bruneau. Il allait se voir obligé de prendre à leur égard une décision pénible. Comme les récoltes seraient mauvaises, ils ne pourraient pas payer la totalité de leurs fermages, et il se verrait contraint de les congédier.

Certes, il était le premier à déplorer cette extrémité. Mais pourquoi faire une exception en leur faveur ? Il y a trop de malheureux pour pouvoir les secourir tous, et aider quelques-uns sans aider les autres serait commettre une injustice. Pour lui, la justice passait avant la bonté. Il ne faisait rien pour rien. C'était son principe, et il ne s'en cachait pas. Ceux qui font autrement sont des imbéciles.

— Et vous êtes du nombre, disait-il à Eugénie, avec son gros rire. Vous voilà maintenant à la merci de votre Édouard qui vous jettera à la porte d'un jour à l'autre, dès qu'il aura assez de vous, et vous pouvez être sûre que votre père ne vous reprendra pas. Alors, quoi ? Il ne vous restera plus qu'à aller faire la servante dans une ferme... Voyez, ma petite amie, rien pour rien, telle est ma devise, et c'est la bonne.

Et comme la petite Eugénie, sans répondre, fondait en larmes, il lui prit les mains, l'attirant sur ses genoux, et doucement lui dit : — Mon petit, si tu veux m'aimer un peu, je pourrais te sauver de la misère. Veux-tu ? Dis-moi...

Je vous sauverai tous, toi, ton fiancé et ton père...

La jeune femme le regarda étrangement... Elle avait compris.

— Oh! non, monsieur Gutermann, dit-elle atterrée, ne demandez pas cela de moi... J'aime trop Édouard. Soyez bon pour eux, je vous aimerai comme une fille, je vous servirai comme une servante... Non, monsieur Gutermann, je vous en supplie, ne les jetez pas à la porte... Je ferai tout ce que vous voudrez pour vous, mais cela, je ne peux pas... Non... jamais!

Et elle repoussa Gutermann en sanglotant.

Puis elle ajouta: — Ah! oui, c'est bien fait, je mérite bien qu'on me méprise... Pourquoi ai-je abandonné mon père?

Après deux ou trois nouvelles tentatives infructueuses, Gutermann quitta son rôle de don Juan et redevint homme d'affaires.

Il ne retourna plus au bordj.

Il écrivit simultanément à Bruneau et à Castelli, leur donnant huit jours, comme dernier délai pour le payement de certaines dettes arriérées. Si lesdites sommes ne sont pas versées au jour fixé, il fera apposer les scellés sur tout le cheptel et les mettra à la porte dans les vingt-quatre heures.

Bruneau se rendit chez le grand patron et

eut beaucoup de peine à obtenir une audience. Leur entretien dura longtemps.

Lorsqu'il quitta le cabinet de travail de Gutermann, il avait l'air très découragé.

— Je vous le répète, lui dit le grand patron en prenant congé, il n'y a qu'une personne qui puisse me faire revenir sur ma décision, c'est Eugénie. Qu'elle vienne me voir.

VI

Toute la journée, Mertens avait surveillé les travaux de défrichement sur la rive droite de l'Oued, une côte rocailleuse et stérile, entièrement recouverte par des buissons de lentisques et de jujubiers. C'était là cet admirable terrain vanté par Gutermann et qui devait donner un vin extraordinaire, un clos merveilleux qui enrichirait le Belge en peu d'années. Celui-ci payait des Kabyles deux francs par jour pour arracher les broussailles, et d'autres un franc cinquante pour transporter les plus gros cailloux ailleurs. Une fois les lentisques arrachés, les cailloux enlevés, restait encore à défoncer, à planter les ceps. Mais Mertens n'en était pas encore là. Il avait déjà dépensé une forte partie de la somme empruntée à Gutermann.

Néanmoins, optimiste irréductible, il était convaincu du succès final.

Son complaisant voisin ne saurait refuser de lui prêter encore un ou deux mille francs pour mener à bien son entreprise.

Tout enragé qu'il était pour l'agriculture, Mertens n'en était pas moins homme.

Il s'était assis mélancoliquement sur une pierre et songeait... Une grande envie l'envahissait d'aller à Alger... Depuis deux mois déjà il n'avait vu la capitale. La Kasba, la rue Bab-Azoum, la rue Barberousse... le théâtre, le boulevard de la République et ses demi-mondaines, les terrasses des cafés si vivantes à l'heure de l'apéritif, les danses andalouses... Souvenirs délicieusement troublants, visions impérieusement attirantes... Les beaux louis de Gutermann prendraient si volontiers ce chemin... Il avait là de bonnes petites amies, espagnoles et françaises, qui seraient enchantées d'en voir la couleur...

Cependant le « colon *for ever* » reprit le dessus. « Non, se dit-il, pas de faiblesse... soyons homme, mais surtout soyons pratique... Pour une fois le temps des folies est passé. »

Laissant les Kabyles à leur ouvrage, il s'engagea, le long de l'oued, dans un sentier à peine frayé au travers de saules verdoyants et de lauriers-roses en fleur. Au bout d'un quart d'heure, il remonta jusqu'au point le plus élevé de la berge, escalada un rocher un peu en surplomb sur la rivière, et jeta dans les airs un coup de sifflet retentissant.

L'effet de ce signal ne se fit pas attendre.

Au fond d'un ravin perdu se trouvait un misérable gourbi habité par une famille indigène : la mère, deux ou trois garçons de dix à vingt ans et la jeune Aïcha.

Au premier coup de sifflet, Aïcha sortit. Elle ramassa une pierre, la lança dans la direction de l'oued. C'était la réponse.

Mertens descendit de son rocher et, continuant sa route, fit un crochet à travers les champs et les bois d'oliviers sauvages, et au bout d'une demi-heure revint dans la direction du gourbi.

Il pénétra dans un terrain en friche, vaste fourré de hautes broussailles, de jujubiers, de lentisques...

Il rencontra un petit Arbi.

— *Salam, sidi* Mertens, fit le gamin.

— *Salam*, Ahmed. Ta sœur vient? interrogea le Belge.

— Oui, *sidi, ta* sœur, elle vient bientôt.

— Ta mère est avec elle?

— Oui, *sidi, ta* mère, elle est avec Aïcha.

— Bien, fit Mertens, va là-bas, où tu sais, et n'oublie pas le signal, s'il vient quelqu'un.

— *Bono, bono, sidi,* moi zi connais.

L'enfant s'éloigna, et le colon, après avoir regardé de tous côtés s'il ne voyait personne, entra dans un buisson de lentisques, dans l'intérieur duquel une sorte de clairière avait été taillée. Le sol en paraissait légèrement foulé.

Un instant plus tard, Aïcha, accompagnée de sa mère, fit son apparition dans la brousse.

Aïcha était une jeune Kabyle, ni bien ni mal, de quatorze à quinze ans, cheveux noirs, yeux noirs, teint bronzé; ses vêtements étaient propres, elle avait revêtu un haïk blanc et une gandoura de fine toile... ses mains et ses pieds étaient teints au henné.

A quelques pas du fourré où le roumi était caché, la mère fit volte-face et alla se poster en sentinelle à une centaine de mètres de là.

Et la petite Aïcha disparut dans le buisson de lentisques...

Personne ne vint troubler ce rendez-vous d'amour.

La nuit avait déjà étendu ses ailes tutélaires sur la plaine de la Mitidja lorsque Mertens rentra chez lui. Il fit le tour de la maison, prit une lanterne pour visiter les étables, et constata la disparition de deux moutons.

— Ah ! les filous ! hurla-t-il, on ne peut pas s'absenter un quart d'heure dans ce pays... ça est trop fort... si j'en attrape un, pour une fois je le tue comme un chien !

Il interrogea ses domestiques, qui tous prirent des airs étonnés. Ils ne savaient rien.

— *Manarf, manarf*, je ne sais pas, je ne sais pas, répétaient-ils à chaque question.

A huit heures, le frère d'Aïcha, le petit Ahmed, arriva ; Mertens, toujours furieux, le reçut très mal :

— Tiens, *God verdam*, prends ça et va-t'en. Et il lui mit entre les mains une jarre pleine d'huile d'olive.

VII

Les moissons étaient terminées. Bien que la récolte eût été meilleure qu'on ne s'y attendait, les blés une fois pesés par Gutermann et les ouvriers soldés, que pouvait-il rester aux malheureux fermiers ? A peine de quoi vivre jusqu'aux vendanges. Les Keller, les Vincent, les Bruneau, Castelli, tous étaient logés à la même enseigne.

De tous, le père d'Eugénie fut le plus misérable. Ses attaques de rhumatisme goutteux l'ayant repris juste au moment de la récolte, il n'avait pu surveiller la moisson, et les Kabyles l'avaient volé.

Ce fut pour lui une période atroce. Si la douleur ne le clouait pas littéralement au lit, il se rendait, ou plutôt il se traînait aux champs, s'appuyant sur le bras de sa servante.

Et il restait là, des heures entières, dans cette atmosphère brûlante, sous ce ciel de plomb, souffrant sans se plaindre. Mais il ne pouvait supporter ce martyre tout le jour durant, et, dès qu'il avait tourné le dos pour aller prendre un peu de repos, les ouvriers se relâchaient de leur besogne, et, la nuit, les indigènes venaient avec leurs bourriquots et emportaient le blé.

De toutes ces étendues immenses de blé et d'orge, c'était à peine si, les frais une fois payés, il lui restait deux à trois cents francs. Et c'était avec cette récolte qu'il avait espéré pouvoir rendre à Gutermann les huit cents francs qu'il lui devait depuis l'année précédente.

Épuisé de fatigue, aigri par le chagrin, vaincu par la maladie, Castelli avait besoin d'un remède énergique. Il prit le parti de faire une cure à Hammam-Aïni, et se mit en route immédiatement. Francine, sa femme de ménage, âgée d'une quarantaine d'années, avec laquelle il vivait quasi maritalement depuis la fuite de sa fille, l'accompagnait.

A ce moment, il ignorait encore la décision prise par Gutermann et le sort qui lui était réservé.

Hammam-Aïni, appelé simplement les Eaux-Chaudes par les colons du voisinage, est une source sulfureuse perdue dans la montagne, connue surtout des Arabes de la plaine et des hauts plateaux qui y viennent de très loin prendre un bain unique, bain qui, grâce à la foi, leur conserve la santé, quelquefois même les guérit.

Le roumi, à qui Mahomet refuse le bénéfice de ses miracles, est obligé de faire une cure de trois semaines au moins pour obtenir sa guérison. Et certes, le malheureux colon qui va chercher la santé aux Eaux-Chaudes sait qu'il n'aura pas là le confort des villes d'eaux européennes. Il ne trouvera ni hôtel, ni casino, ni kursaal, ni orchestre, ni échoppes de marchands d'antiquités ou de bibelots d'écaille !

Quel triste voyage que celui de Castelli ! Juché sur une mule, le corps penché en avant, il se laisse porter, et l'on devine à son attitude cassée les douleurs atroces qu'il endure à chaque pas de sa bête. Francine le suit, sans mot dire, assise sur un petit âne. Enfin, un mulet conduit par un Arabe porte deux matelas, un tonnelet rempli de vin, une marmite, une chaise et des provisions pour toute la durée de la cure.

Cette modeste caravane se met en marche à la pointe du jour, et d'abord elle a à traverser la plaine, avec ses champs à perte de vue, maintenant dépouillés de leur toison dorée. Devant ces étendues arrosées de sa sueur, Castelli songe combien peu il a été récompensé de ses peines. Le cœur gros, il passe auprès des fermes voisines, où il soupçonne des misères pareilles aux siennes, mais il ne s'arrête nulle part pour prendre l'absinthe ou le traditionnel casse-croûte.

Le courage lui manque pour saluer ses compagnons d'infortune. Il passe devant le bordj : sa fille est là, il le sait, et des larmes, larmes de rage et de douleur, roulent sur ses joues.

Bientôt la plaine cesse, la fertile Mitidja fait place à la montagne aride. Les cultures sont plus rares. Les terres, ensemencées à la mode arabe, ont un aspect de pauvreté.

Pendant près de deux heures, la route, serpentant de mamelon en mamelon, gravit insensiblement les premiers contreforts de l'Atlas. Plus de ferme, plus de trace de civilisation européenne. Le chemin se transforme en simple piste de mulet, où la caravane avance avec peine.

A mesure qu'on s'élève, le paysage devient plus triste, le sentier plus mauvais, le terrain plus rocailleux et plus stérile. A la limite des terres cultivables, et comme perdu dans cette solitude, un campement d'Arabes nomades est installé à une centaine de pas du chemin : une vaste tente, noire comme du charbon, sous laquelle grouille un vague amas de femmes et d'enfants. Tout autour, des chiens kabyles aboient avec acharnement. Le chef de la famille sort de la tente et laisse tomber à regret de ses lèvres dédaigneuses un salut aux colons : *Salam alikoum.*

Il est misérable, cet Arabe, vivant de quelques figues de Barbarie et de galettes d'orge. Il n'a qu'une tente pour abri, qu'un champ et quelques chevaux... et pourtant Castelli l'envie dans sa fière indépendance de propriétaire... Gutermann n'a pas encore passé par là.

Le sentier s'engage ensuite dans une gorge, et côtoie d'interminables forêts de pins ou des éboulis de pierres énormes. Il suit le cours d'un *oued* boueux qu'à chaque instant il faut traverser à gué. Seuls, les lauriers-roses qui bordent la rivière donnent une note un peu gaie à cette contrée de plus en plus aride, de plus en plus dénudée. Dans ce val encaissé entre deux hauts murs de rochers couleur brique, la chaleur est torride...

Après une halte au milieu de la journée, la caravane reprend sa marche. Toujours la même solitude. Toujours la même désolation morne.

Aucun voyageur, ni européen, ni indigène, aucun être vivant, sauf çà et là quelques vautours dessinant des cercles rigides dans un ciel plombé ou poussant leurs sinistres appels au sommet des rocs décharnés.

Le soleil plonge dans le ravin, pénètre partout au travers de cette forêt de pins clairsemés. Les arbres, les pierres, les plantes, tout prend une teinte fauve, une rubescence de charbons ardents. L'ombre fuit, se cache devant les rayons du soleil qui la poursuivent de toutes parts. Aucune brise, aucun souffle. Dans l'immobilité brûlante de l'air, plus rien ne vit. Les voyageurs, anéantis, restent muets; les bêtes de somme, couvertes d'écume, semblent poussées par une force mécanique.

Enfin, vers six heures, les colons arrivent à une sorte de défilé, après lequel tout à coup la vallée s'élargit, une combe de forme elliptique apparaît, entourée d'immenses parois de rochers... une sorte d'amphithéâtre romain gigantesque.

Au milieu des prés, deux ou trois gourbis,

quelques touffes de lentisques ou des bosquets d'oliviers sauvages. L'ombre s'étend déjà sur une partie de la prairie. Et malgré sa tristesse mortelle, ce vallon produit l'impression d'une oasis dans le désert. Deux familles arabes, un garde forestier et un garde indigène, telle est l'unique population de ce coin de terre perdu.

A peine arrivé, Castelli prend possession d'un gourbi abandonné, fait décharger et desseller ses bêtes, et, à moitié mort, se laisse choir sur un matelas, tandis que la robuste et active Francine met en ordre le mobilier, la batterie de cuisine, et serre les provisions dans un coin de l'habitation.

Sur le versant nord du vallon, au pied de rochers dressés à pic, jaillissent à quelques mètres de distance plusieurs sources sulfureuses, les unes à 30, à 40, 45 degrés, d'autres même à 60 et 70 degrés, qui descendent en serpentant sur un lit chargé d'un dépôt verdâtre et vont se mêler aux eaux de l'oued.

Une seule source a été captée et dirigée sur un petit bassin oblong creusé dans le roc, juste de la longueur et de la largeur d'un homme. D'une conduite, l'eau tombe en cascade à la hauteur d'un mètre au milieu du bassin, de sorte que le malade, étendu dans le bain, reçoit cette douche bouillante sur le ventre. L'eau a de 43 à 44 degrés ; mais, malgré cette température excessive, la première impression de brûlure vaincue, un baigneur un peu endurci peut y rester jusqu'à un quart d'heure.

Les Arabes ont entouré cette baignoire unique d'un gourbi recouvert de branchages, qui protège le baigneur ou la baigneuse contre les regards indiscrets.

Tel est le *Hammam*.

C'est là que pendant trois semaines Castelli viendra se plonger chaque matin pour chercher la guérison ou au moins un adoucissement à ses souffrances.

Auprès de chaque source s'élèvent des oliviers mal venus, souffreteux, arbres sacrés, auxquels sont accrochés en guise d'ex-voto des milliers de lambeaux de burnous, de gandouras ou de haïks ; à quelques branches même, des croyants plus fervents ont attaché des bibelots de verroterie, des bagues ou des boucles d'oreilles en laiton.

Au bord des sources gisent en pleine putréfaction des détritus de toutes sortes, pattes et plumes de volaille, du sang coagulé, des boyaux de mouton, des os, des coquilles d'œufs, restes des sacrifices faits par les indigènes.

Ils sont rares les colons qui se hasardent à faire une cure dans de semblables conditions et qui consentent à venir coucher ainsi sous la tente ou dans une hutte abandonnée. C'est la misère seule qui les y pousse. Les autres, plus fortunés, s'en vont en été faire leur tour d'Europe. Aller passer un mois en France, voilà le grand luxe de l'Algérien. Colons et fonctionnaires économisent sou par sou la somme nécessaire pour s'offrir ce voyage.

Il existe cependant, non loin de Miliana, dans une contrée charmante, un établissement thermal très confortable, très luxueux même, Hammam-Rhira. L'air y est sain et vivifiant, les eaux en sont très efficaces ; mais l'Algérien aisé préférera toujours un voyage en France.

Ainsi, le peu d'argent gagné ne fructifie pas dans le pays et se dépense le plus souvent sur le tapis vert du casino de Vichy ou dans les cafés chantants de Montmartre.

La hutte qu'occupe Castelli est le gourbi arabe, dans toute sa simplicité : un mur de forme circulaire, d'un mètre de hauteur, percé d'une petite porte qui sert en même temps de fenêtre. La toiture est faite de branches d'arbres dressées en pyramide, recouvertes de rameaux de lentisques et soutenues par un pieu planté au centre du gourbi. La maison forme ainsi une seule pièce ronde de trois mètres de diamètre et si basse que, sauf au milieu, on ne peut s'y tenir debout. Elle se subdivise — idéalement — en trois parties : la chambre à coucher de monsieur, composée d'un matelas posé sur quelques branches de lentisques ; en face, la chambre à coucher de madame, soit un matelas, et entre les deux la salle à manger ou plutôt la table, simple planchette clouée sur trois piquets branlants. Une chaise et une caisse constituent tout l'ameublement. De tous côtés, partout où se trouve une branche formant crochet, pendent des ustensiles de ménage, des vêtements qui sèchent, des linges de cuisine, des hardes. Quant à la cuisine, sa place varie ; devant le gourbi quand il fait beau, dans l'intérieur quand il pleut, et alors la fumée sort tant bien que mal par les interstices du feuillage. C'est le sol qui sert de plancher, de foyer... et de sommier.

Tout semblait s'acharner contre le malheureux colon.

Le lendemain de son arrivée, une pluie diluvienne se mit à tomber, transperçant peu à peu la toiture. L'eau s'infiltrait à travers le mur. Le froid qui accompagne toujours la pluie, l'humidité, les puces, les moustiques rendaient ce séjour intenable, et l'homme le plus robuste y aurait certainement gagné des rhumatismes.

Aussi l'état de Castelli était-il loin de s'améliorer.

Pendant quatre jours, la pluie tomba presque sans arrêt,

Francine faisait bien son possible pour soigner son maître, mais elle était maussade malgré elle. Ce dérangement dans ses habitudes, ce séjour dans ce taudis ne lui allaient guère. Elle travaillait en grommelant. Dans le désordre de cette installation provisoire, elle ne trouvait jamais les objets qu'elle cherchait. La pluie la forçait à faire la cuisine dans l'intérieur, et la fumée leur brûlait les yeux. Il fallait à cause du toit marcher toujours cassé en deux. De temps à autre, en se levant, ils se cognaient la tête contre une branche, et c'étaient des jurons, des malédictions.

Ils se querellaient pour tout et pour rien.

Enfin le cinquième jour ramena le soleil.

C'était un jeudi. Dans l'après-midi, Castelli vit poindre une caravane, puis deux, puis trois...

Bientôt de toutes parts les burnous blancs apparaissent. Ce sont les Arabes qui arrivent pour le bain du vendredi. Les familles s'installent les unes après les autres dans la prairie, dressent leur tente ou édifient à la hâte un gourbi de quelques pierres et de quelques branches. Les bêtes, entravées, broutent de rares brins d'herbe aux alentours.

Rien de plus pittoresque que ce vallon, le soir, tout grouillant de costumes bizarres, avec ces tentes blanches ou noires, et tous ces feux qui pétillent, sur lesquels rôtissent des volailles ou cuit du *couscous* dans les marmites.

C'est le lendemain à l'aube que le bain commence. Et comme chaque vendredi il y a des centaines d'Arabes, c'est un défilé ininterrompu pendant toute la journée. Souvent même quelques-uns sont forcés de remettre le bain au lendemain, ce qui, inutile de le dire, lui enlève la plus grande partie de son efficacité.

Du lever au coucher du soleil, on assiste autour de la source à un va-et-vient, à un pêle-mêle curieux de races et de costumes : l'Arabe des Hauts-Plateaux bronzé et taciturne, le Maure des villes, plus sociable, le nègre gai et dévot, d'une dévotion enfantine, le Kabyle sournois ou bavard, à l'œil intelligent et dur. Puis ce sont, à certaines heures, des défilés de femmes voilées, et l'on entend dans la baignoire des petits cris, des *you! you!* des rires étouffés.

Et parmi les Kabyles quelle diversité ! Débris des anciens Numides, tribus transplantées en masse par les Romains ou restes des migrations barbares, les uns ont la coloration bronzée de l'autochtone, d'autres aux yeux bleus, au teint pâle et aux cheveux roux, paraissent sortis des montagnes du Tyrol ou des plaines de la Saxe. Mais tous, Kabyles et

Arabes, sous leurs riches costumes ou sous leurs guenilles, ont le même maintien imposant, le même port altier. Tous aussi, malgré leurs origines diverses, sont unis par le même fanatisme et par la même haine du *roumi* qui donnent à leur physionomie une expression fière et dédaigneuse d'une noblesse indiscutable.

Au milieu d'eux, Castelli, seul représentant de la race conquérante, fait vraiment piteuse figure, avec sa face rouge d'apoplectique, sa moustache rongée dans les coins, son corps trapu, son ventre bedonnant, ses jambes courtes et torses... tout cela souligné par un accoutrement peu flatteur, un casque gris sale, un veston de même couleur, un gilet trop juste et taché, un pantalon mal retenu par des bretelles et laissant voir sur la panse le bourrelet de la chemise !

Une fois le bain pris et les sacrifices faits en l'honneur du marabout, la famille lève la tente. Si ce sont des Kabyles, les hommes montent en selle et leurs femmes les suivent à pied, quelquefois à âne.

Si ce sont des Maures, tout au moins des Maures de quelque importance, chacun a sa monture.

L'Arabe traite ses femmes en captives, mais avec certains égards chevaleresques, et s'il les enferme, c'est simplement par jalousie.

Dans l'après-midi, Castelli reposait dans son gourbi, lorsqu'il vit entrer Abdurrhaman.

— Salamalek, sidi Castelli.
— Salamalek, Abdurrhaman.
— Ti es malade ?
— Oui.
— Moi une de mes femmes malade bezef. Moi passé chez toi, i z'ont donné dis lettres pour toi.

Et il tendit à Castelli deux ou trois lettres et quelques journaux.

— Merci, Abdurrhaman. Veux-tu boire une absinthe avec moi ?

Abdurrhaman, qui était un Arabe très pratiquant, refusa.

— Moi *macache* ji bois di l'absinthe, merci, ji vais voir la femme malade, malade bezef. *Salam*.

Sur le seuil du gourbi, Abdurrhaman s'arrêta.

— Ti aurais pas bisoin d'un cheval ? Ji veux vendre le mien pour payer Guitermann ; Guitermann demande toujours *dram* (1), menace de saisir. Ji lui dois six cents francs. Ji ti vends mon cheval cinq cents. Ti veux ?

— Non, Abdurrhaman, je ne t'en donnerais même pas cent cinquante.

---
(1) Argent.

— Ti veux pour quatre cents. Tu es riche, toi mercanti bezef.

— Je n'en ai pas besoin. Adieu.

— Adieu, sidi Castelli.

L'Arabe s'en alla en hochant la tête.

— Lui bien bisoin, mais *macache dram* non plus... pensa-t-il. Et se retournant : — Pour deux cent cinquante, ti veux ? ji ti le laisse.

— Non, adieu.

Lorsque Castelli, en dépouillant son courrier, trouva la lettre comminatoire de Gutermann, il fut un instant bouleversé. Mais bientôt une sorte de philosophie fataliste le gagna. Il avait l'apathie de l'homme qui se sent vaincu dans la lutte pour la vie, vaincu par les hommes, vaincu par les circonstances, par le climat, cette apathie commune à presque tous les colons après dix, quinze ans d'efforts infructueux. Un peu plus, il aurait crié : C'est Allah qui l'a voulu !

Le lendemain matin, Castelli, assis devant son gourbi, vit passer la famille Abdurrhaman.

En tête le fils âgé de douze ans, monté sur un âne, puis les femmes : d'abord la favorite, une jeune Mauresque de dix-sept ans, à cheval, accroupie dans une sorte de nid fait de couvertures de laine étroitement ficelées ; quoiqu'elle fût malade, ses yeux brillaient d'un éclat extraordinaire et faisaient penser, sous le voile épais, à quelque délicate et mystérieuse beauté. Derrière elle, juchées sur des mules, suivaient les deux autres femmes, l'une d'une vingtaine, l'autre d'une trentaine d'années. Abdurrhaman s'avançait ensuite, caracolant sur un superbe étalon blanc de neige, aux naseaux rosés. Deux domestiques indigènes à pied fermaient la marche.

En voyant cette brillante caravane, ces belles Mauresques dans leurs haïks de soie, montées sur des bêtes de prix, cet Arabe fier, aux allures de cheik, qui eût pu soupçonner qu'avant trois jours peut-être, Abdurrhaman se trouverait errant à pied, suivi de ses femmes et de son enfant, n'ayant plus ni gourbi, ni champs, ni chevaux ?

En passant devant Castelli, le chef de la famille ralentit l'allure de son cheval.

— As-ti réponse à porter, sidi Castelli ?

— Non, rien, dit Castelli d'une voix sourde.

— Ma femme, macache bono, parce qu'il a pas baigné hier, i z'était trop de monde. Puis il ajouta, en montrant du geste son étalon : Allons, ti veux pour deux cents francs ? Je retournerai à pied. Ça m'it égal. Cent cinquante, tiens, prends-le vite. Ti fais bonne affaire.

— Non, Abdurrhaman, je ne veux pas de ton cheval.

L'Arabe pressa l'étrier d'argent contre le

flanc de sa monture, d'où jaillit une fine gerbe de sang, et en un petit temps de galop rejoignit sa caravane.

VIII

Après le départ d'Abdurrhaman, qui était le dernier baigneur, tout redevint calme dans le vallon. Et, succédant au brouhaha de la veille, la solitude ne parut que plus triste au pauvre colon, toujours souffrant.

Maintenant il avait le temps de songer... au passé et à l'avenir. Il revoyait les temps plus heureux, il revivait toute sa vie, qui, depuis son départ de Corse, n'avait été qu'une série de malheurs, de luttes douloureuses, d'échecs mortifiants, d'espérances déçues. Depuis qu'il avait mis le pied sur le sol d'Afrique, les hommes et la nature s'étaient accordés pour le duper. Aux hommes il avait confié sa fortune, à la terre le travail de ses mains, pour arriver à quel résultat ? Malade, le corps miné par les fièvres et usé par la fatigue, sa vie n'était peut-être qu'une question de mois... Trop longue encore ! Car dans quelques jours, dans quelques heures, il n'aurait plus ni maison, ni terre, ni argent... il serait jeté hors de sa ferme, et se verrait condamné à errer sur le sol brûlant de l'Algérie, demandant de porte en porte du travail... ou du pain.

Vers le milieu de la semaine, Castelli vit, un après-midi, déboucher au fond du vallon une nouvelle caravane, et il fut assez surpris de ne pas reconnaître de loin la silhouette des burnous arabes. Il distingua bientôt un casque de toile et des costumes européens.

Il appela Francine, et tous deux se demandèrent quel pouvait bien être le colon qui arrivait aux Eaux-Chaudes. Serait-ce un fermier de leur connaissance qui viendrait faire une cure, un administrateur ou un garde forestier en tournée ?

Quelle ne fut pas leur stupéfaction en reconnaissant Gutermann ! Le grand patron était monté sur une mule et suivi de deux domestiques, le fusil sur l'épaule, qui conduisaient trois mulets chargés d'une tente et de provisions.

— Bonjour, Castelli, comment ça va-t-il ? les Eaux-Chaudes vous réussissent-elles ?

— Pas trop bien, monsieur Gutermann, et vous-même, êtes-vous malade ?

— Pas positivement ; je viens me reposer un ou deux jours et causer un peu avec vous. A tout à l'heure, le temps de dresser ma tente, et je reviens.

Une heure après, Gutermann, qui s'était installé à trois ou quatre cents pas de là, entra chez Castelli. Un domestique portait une bouteille d'absinthe et deux verres.

Les deux colons s'assirent dans le gourbi. Le grand patron versa les absinthes, très légère pour lui, car il n'en buvait que rarement et seulement pour se désaltérer, tandis qu'il remplit aux trois quarts le verre du fermier. Il congédia son domestique, et Castelli fit signe à Francine de les laisser seuls.

— Maintenant, Castelli, fit Gutermann sans autre préambule, j'ai à vous parler sérieusement. On vous a remis ma lettre, je le sais. Mais je n'ai pas reçu de réponse, ce qui me fait supposer que vous n'êtes pas solvable.

— En effet, dit Castelli, il m'est actuellement impossible de vous payer.

— J'ai procédé, il est vrai, à votre égard, d'une façon sommaire; mais, en réalité, c'est votre propre intérêt qui m'a guidé en cette affaire. J'ai appris votre brouille avec Bruneau, et mon but unique a été de la faire cesser. Si je n'y réussis pas, c'est vous-même, par votre entêtement, qui serez la cause de votre ruine. Je ne veux à aucun prix que des dissentiments subsistent entre mes fermiers. Je viens donc, avant d'agir, faire une dernière tentative de réconciliation. Si j'échoue, je vous congédierai, vous et les Bruneau. J'espère encore que vous ne me forcerez pas à en venir à cette extrémité, et voici ce que je vous propose : pardonnez à votre fille, faites la paix avec les Bruneau et donnez votre consentement au mariage. Je sais que Bruneau vous doit dix mille francs, qu'il ne pourra probablement jamais vous rendre. Il a perdu toute sa fortune. Les terres ne nous rapportent plus assez, à nous, cultivateurs, pour que nous puissions compter sur de gros bénéfices. Votre fille est venue me voir, hier ; elle m'a supplié de vous sauver. Ma foi, j'ai le cœur plus sensible qu'on ne pense, et je me suis laissé attendrir. Si vous acceptez ma proposition, je consens à avancer à Bruneau cinq mille francs, que j'ai ici en portefeuille, et que je vous payerai en son nom, à condition que vous lui fassiez remise du reste de la dette. Il me semble que vous agirez sagement en acceptant. Les cinq mille francs que je vous offre sont plus sûrs que les dix mille que Bruneau vous doit.

« Ce sacrifice que je fais, c'est pour vous sauver d'une ruine certaine. C'est pour sceller votre paix avec Bruneau, car ce que je veux, avant tout, c'est la bonne harmonie entre mes fermiers. C'est aussi par amitié pour votre fille, pour laquelle j'ai l'affection d'un père, et qui sera réduite, elle aussi, à la misère, si vous n'acceptez pas.

« Maintenant, voyez ce que vous avez à faire. »

Gutermann se tut et but une gorgée d'absinthe. Il avait débité sa petite harangue sur un ton si ému, si sincère, que Castelli s'y laissa tromper. Cette largesse de Gutermann l'étonnait bien un peu, mais il ne cherchait pas à comprendre... Il voyait tomber sur lui ces cinq mille francs comme la manne du désert.

Il était loin de se douter du honteux marché dont cette somme était le prix.

Le père Bruneau, en effet, s'était entremis de la part de Gutermann pour vaincre les scrupules de la jeune fille. Pendant huit jours il leur avait servi d'intermédiaire, portant les offres ou les menaces de celui-là, les réponses de celle-ci. Durant une semaine, la jeune fille avait refusé obstinément. Enfin, l'ignoble tentateur l'avait emporté. Mais si la malheureuse s'était vendue pour sauver son père de la ruine inévitable, elle s'était vendue chèrement. Comme condition expresse et préalable, elle avait exigé que Gutermann payerait à son père les dix mille francs que lui devait Bruneau ; Bruneau en ajouta une autre de sa propre initiative. C'est que Gutermann affermerait au nouveau ménage les terres d'Abdurrhaman.

Le grand patron avait accepté, et il était arrivé le jour même aux Eaux-Chaudes pour payer à Castelli le prix du déshonneur de sa fille... et encore il réussissait à lui en escroquer la moitié.

Abattu par la douleur et la fatigue, le malade ne fit pas d'objections. Il accepta sans réserve les offres qu'on lui faisait. Il reçut les cinq mille francs comptant, et signa un reçu de dix mille. Sur la demande de Gutermann, il s'engagea sur l'honneur à ne dire à personne qu'il n'avait pas touché la somme entière.

L'affaire ainsi conclue, ils dînèrent et passèrent la soirée sous la tente de Gutermann avec le garde forestier. Ils firent une manille à la lueur des bougies, et burent quelques bonnes bouteilles.

Le lendemain, à la pointe du jour, le grand patron levait sa tente. Il vint faire ses adieux au fermier.

— Puisque ma mission est heureusement terminée, je n'ai plus rien à faire ici ; je vous souhaite une prompte guérison... J'avais fait des provisions pour plusieurs jours, pensant que vous seriez plus entêté que ça et qu'il faudrait vous faire un siège dans toutes les règles. Je vous laisse mes vivres. Ce n'est pas de refus, n'est-ce pas, dans ce désert ?

— Merci, répondit Castelli ; vous êtes bien aimable.

Gutermann fit signe à un de ses domestiques, qui apporta deux paniers de vivres : jambons, boîtes de conserves, du pain, du vin, de l'absinthe, et les déposa dans le gourbi.

— A propos, dit-il, j'oubliais de vous raconter l'aventure de Mertens. J'étais sûr qu'il ne tiendrait pas, ce garçon. Vous ne savez pas le coup de tête qu'il a fait ? Il a vendu son bétail, il a vendu ses récoltes à un Arbi pour quatre cents francs, et a disparu sans donner son adresse à personne.

— Il a bien fait, par la Madone ! s'écria Castelli ; tous les colons devraient avoir le courage d'en faire autant.

Le grand patron se mit à rire.

— Allons, allons, vieux grincheux, du courage, et tout ira bien.

On amena les mulets, Gutermann serra la main du fermier et monta en selle.

La caravane s'éloigna lentement et disparut bientôt derrière un groupe de lentisques qui masquait l'extrémité du vallon.

Un peu alourdi par les libations de la veille, Castelli cherchait encore des yeux son bienfaiteur. Toutes ses notions étaient bouleversées. Il ne comprenait rien à cette générosité subite. La parole de Keller : « Gutermann n'est-il pas notre père à tous ? » serait-elle confirmée ?

Il se sentait réconforté, presque heureux.

Ces cinq mille francs qui lui tombaient ainsi d'une manière si imprévue lui permettraient de supporter les mauvaises récoltes pendant plusieurs années. C'était son avenir assuré pour longtemps. Il bénissait presque cet homme qui venait de l'arracher à la misère...

Tout à coup, une idée vague, puis bientôt nettement formulée, lui traversa l'esprit.

— Les Bruneau m'ont volé ma fille ! s'écria-t-il. Celui-ci ne me l'aurait-il pas achetée ? Ah ! si nous étions en Corse, je le tuerais, par la Madone, je le tuerais ! Mais on devient lâche dans ce pays. On n'a même plus le courage de venger l'honneur de sa fille.

Un an plus tard, la jeune dame Bruneau mettait au monde un petit garçon dont Gutermann fut le parrain.

CONCLUSION

Peut-être me demandera-t-on de conclure? Je préfère laisser ce soin au lecteur ou le renvoyer à ma préface, qu'il n'aura sans doute pas lue — c'est le sort obligé de toutes les préfaces.

A défaut de conclusion, toutefois, je vais résumer mes impressions, et cela le plus laconiquement possible, en deux mots, deux mots de quatre lettres chacun : doux pays !

Doux pays, dans le sens littéral du mot, et doux pays dans le sens amèrement ironique que lui a donné Forain.

« Doux pays ! » toute l'Algérie est là.

Table des matières

	Pages
Préface	7

Ire PARTIE

L'ALGÉRIE PITTORESQUE

Premières impressions.

La fin du Ramadan	19
Le marché de Maison-Carrée	31
Un peu plus de charlatanisme !	37
Les petits cireurs d'Alger	41
Une fête mauresque au théâtre d'Alger	43
Les caïds	49

La Kasba intime.

Avant-propos	53
Zouaves ou Turcs ?	55
Le café maure	59
Le savant arabe	65
Chez Zora	69
Les femmes voilées	77

Çà et là.

La lutte arabe	85
Une chasse au chacal	93
Ascension du Sidi-Abd-el-Kader	105
En Kabylie	115

Aventures et impressions sahariennes.

Avant-propos. — Une fantasia	147

Batna-Biskra.................. 157
Une journée d'oisifs.............. 169
Sidi-Okba................... 175
Cheiks et chèques............... 185
Chevauchée dans le désert. — Perdus dans l'oasis..................... 189
Un gibus à Biskra................ 201
A chameau................... 205
Le retour................... 211

Justice française et justice arabe.

Une prison en Algérie.............. 221
La justice de l'agha............... 233
Le Rummel................... 241

L'ALGÉRIE DU COLON

Le grand Patron
(Étude de mœurs coloniales)

Chap. I. — Le baptême............. 249
Chap. II. — Les conseils de M. Gutermann. La dette................... 257
Chap. III. — Bruneau père et fils........ 266
Chap. IV. — Enlevée !............. 271
Chap. V. — Amour et affaires......... 284
Chap. VI. — Aïcha............... 292
Chap. VII. — Aux Eaux-Chaudes....... 296
Chap. VIII. — Les bienfaits de l'usurier... 312
Conclusion................... 321

Paris. — Imprimerie PAUL DUPONT, 4, rue du Bouloi.

Imprimerie PAUL DUPONT, 4, rue du Bouloi.

www.ingramcontent.com/pod-product-compliance
Lightning Source LLC
Chambersburg PA
CBHW060647170426
43199CB00012B/1700